Todo Azcona

Pepitas de calabaza s. l.
Apartado de correos n.º 40
26080 Logroño (La Rioja, Spain)
pepitas@pepitas.net
www.pepitas.net

En cubierta: linograbado de Carlos Baonza
Fotografía: Teresa Rodríguez

ISBN (OBRA COMPLETA): 978-84-18998-77-5
ISBN: 978-84-18998-96-6
Dep. legal: LR-1153-2024

Primera edición, octubre de 2024

Bernardo Sánchez
Todo Azcona

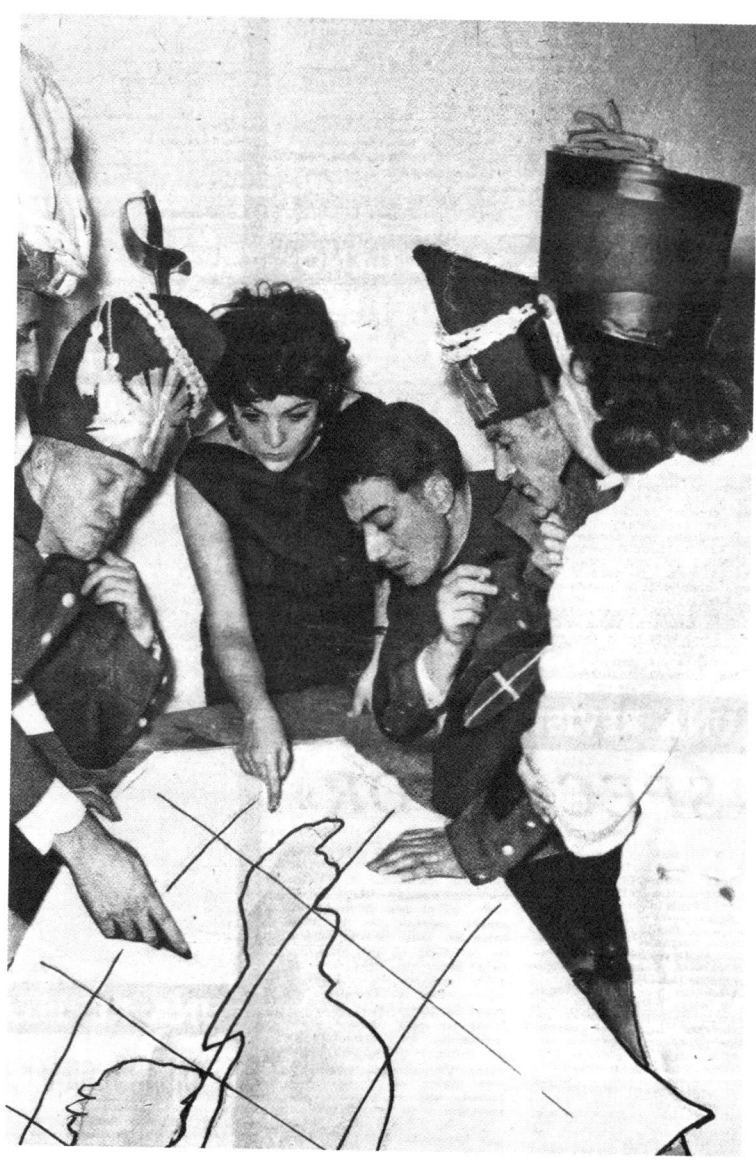

Imagen de portada de un número de *La Codorniz* durante la guerra que
el hebdomadario declaró a Inglaterra en 1956. De izquierda a derecha:
Álvaro de Laiglesia, Enrique Herreros, Sara Montiel, Rafael Azcona,
Fernando Perdiguero y Remedios Orad.

¿Un pantano para Rafael Azcona?

NOTA A LA EDICIÓN

«Rafael Azcona radiografió su país.
Diseccionó al ser humano y tomó
partido por el débil y el perdedor. Autor
de obras universales, no solo fue un
guionista excelente. También fue un
escritor fundamental».
—Olga Pereda en *El Periódico*

EL DÍA MENOS PENSADO desayunaremos con la noticia: un pantano
de la cuenca del Najerilla —por decir algo— llevará el nombre de
Rafael Azcona. Y me aventuraría a adelantar que, en ese momento,
no serán muchas las personas que sepan quién fue Rafael Azcona
y muchas menos las que hayan visto sus películas o leído sus libros. Para evitar que esto último ocurra, se presenta ante nosotros
este autobús, que nos lleva directamente a visitar algunas de las
novelas más importantes de la literatura española.

A Rafael Azcona se lo conoce y reconoce por su aportación a la
cinematografía, pero sus novelas, aunque menos populares, son de
una riqueza extraordinaria y, desde luego, son el sustrato sobre el
que se asienta su obra posterior. Hoy, aunque los tiempos remen en
otra dirección, la lectura de sus libros nos proporciona un punto de
vista del que carecen la mayoría de los productos que emanan de la
industria del entretenimiento. Por si esto fuera poco, la visión que
de España nos legó Azcona es quizá más certera que la de la mayoría
de libros de historia o sociología. Su obra es un tesoro nacional.

Es entre llamativo y asombroso que los textos que conforman el *corpus* de la obra de Azcona se escribieran y editaran en el plazo de seis años —entre 1955 y 1960—, al mismo tiempo que Rafael redactaba piezas breves para la prensa y novelas de encargo e iniciaba una dilatada carrera cinematográfica en Italia y España.

Sus novelas nunca han sido olvidadas, pero la popularidad de Azcona como escritor fue menguando con respecto a su faceta como guionista. Al tiempo —y dada su naturaleza esquiva para la cosa pública—, su propia existencia se puso en duda para dar paso a la leyenda de que, tras el nombre de Rafael Azcona, se escondía algún célebre director de cine.

Cuarenta años después de aquellas primeras ediciones, y alentado por Juan Cruz primero —y luego por Eduardo Riestra y por un servidor—, Rafael se enfrascó en un proceso de reescritura y reedición de sus novelas, con excepción de *Pobre, paralítico y muerto*, que se reeditó según la versión de los años cincuenta, y de *Cuando el toro se llama Felipe*, que, hasta hoy, no se había vuelto a publicar.

Cuando le propuse a Rafael reeditar *Memorias de un señor bajito*, me contestó: «Solo te voy a pedir una cosa: que me permitas revisarla, que creo que algo he aprendido en todos estos años». Y la reescribió de arriba a abajo. Con ese gesto, le dio además un buen empujón a la editorial de su pueblo, por lo que le estaremos eternamente agradecidos.

Tengo un recuerdo gozoso del trabajo que supuso editar los libros de *La Codorniz*, pero estas ediciones que ahora presentamos no han sido menos laboriosas... ¡la de comas que caben en un libro! Este oficio es siempre así: cuanto más tiempo le dedicamos a una fiesta, mejor sale. Y esta ha costado un rato, pero el resultado es un sueño hecho realidad: ver por fin editadas, en Pepitas, las obras *mayores* de Rafael Azcona.

Azcona —esto me lo contó José Luis Cuerda— solía reprochar cariñosamente a los directores de cine con los que trabajaba que tanto chófer y tanto taxi los habían desconectado de la realidad de la calle. Él, por el contrario, siempre viajaba con el bonobús en el bolsillo.

Los libros que conforman este pequeño autobús llamado *Todo Azcona* son: *Vida del repelente niño Vicente*; *Cuando el toro se llama Felipe*; *Los muertos no se tocan, nene*; *El pisito*; *Memorias de un señor bajito*; *Los ilusos*; *Pobre, paralítico y muerto*; *El cochecito*, y *Los europeos*.

Hemos decidido dejar aparte las novelas que Azcona firmó como Jack O'Relly, que fueron escritas por encargo, y los textos breves, pues ya los habíamos publicado en *Viaje a una sala de fiestas* y en los tres volúmenes que contienen todos sus escritos y dibujos en *La Codorniz*: *¿Por qué nos gustan las guapas?*, *¿Son de alguna utilidad los cuñados?* y *Repelencias*.

Renombrar calles, plazas, instituciones culturales o pantanos es un gesto insuficiente para dar a conocer una obra tan rica como la de Rafael Azcona. Solo con que un joven de hoy lea *El pisito* —por poner un ejemplo—, lo disfrute y se lo traiga a nuestros días, habremos conseguido más que si cambiamos la toponimia entera del país.

Quizá el futuro nos depare alguna sorpresa, pero de momento te animamos a disfrutar de todas estas joyas. Nos las merecemos.

Estoy profundamente agradecido a la familia Azcona por tanta complicidad y confianza; a Palmira Márquez por las facilidades para llevar a cabo este proyecto; a Bernardo Sánchez, que siempre «rema a favor de obra», y al equipo de Pepitas, invariablemente dispuesto a embarcarse en proyectos de dudosa viabilidad económica pero de gran rentabilidad vital.

Julián Lacalle

CUANDO... EL TOR...

RAFAEL AZCONA · Memorias de un señor bajito

VIDA DEL REPELENTE NIÑO VICENTE · RAFAEL AZCONA · 27

El pisito

Los muertos no se tocan, nene

·Vida del repelente niño Vicente·

rafael azcona · los europeos

RAFAEL AZCONA · LOS ILUSOS

RAFAEL AZCONA · POBRE, PARALITICO Y MUERTO

RAFAEL AZCONA · OTRA VUELTA EN EL COCHECITO

Rafael Azcona · El pisito

Rafael Azcona / LOS EUROPEOS · 605

RAFAEL AZCONA · Los europeos

Los ilusos · RAFAEL AZCONA

Rafael Azcona · Viaje a una sala de fiestas

MI VIDORRA DE ESCRITOR
(Autobiografía pequeñita)

Rafael Azcona

El editor —que es ese señor que de vez en cuando nos da a los literatos una peseta o, si bien se mira, dos— me ha ordenado que escriba mi autobiografía para colocarla delante de la novela que usted va a tener el gusto de leer... si no lo piensa mejor y se marcha por ahí a tomar gambas a la plancha, que es lo bueno.

«Al lector le interesa saber con quién se juega los capítulos», me ha razonado. Yo, respetuoso y obediente cual alumno de las Escuelas Pías, me he venido a casa decidido a contarle a usted cómo nací en Logroño el 24 de octubre de 1926 y cómo —aunque parezca mentira— no me he muerto todavía.

Lo malo ha empezado cuando he tomado asiento frente a la máquina...

«Rafael —me he dicho muy serio—: no seas memo. ¿Qué demonios vas a contar tú como individuo? Nunca has salvado a un náufrago, nunca has matado a una mosca, nunca has hecho nada brillante ni extraordinario... Tu vida es una vida ni fu ni fa, igual a la de tantos y tantos señores particulares que, ahí los tienes, no dicen ni esta existencia es mía: de niño te metiste los dedos en las narices, de adolescente aprendiste a bailar el pasodoble y de adulto te limitas a sufrir mucho —sobre todo en primavera— al ver las señoritas tan estupendas que el que más y el que menos lleva colgadas de su respectivo brazo... No seas idiota, Rafaelito, que eso le ha pasado —con perdón— hasta al mismísimo lector».

Me he puesto muy triste, porque mi modestia —que era la que hablaba— tenía razón y yo, aunque soy pobre, soy sincero. Pero tengo que escribir mi autobiografía...

En mi desesperación, he pensado escribir la vida de Napoleón Bonaparte —que esa sí que es una existencia de aúpa—, pero poniendo Rafael donde Napoleón y Azcona donde Bonaparte. Instantáneamente he comprendido que esto no es una solución, sino una estupidez: usted, lector, no se chupa el dedo y en sus oídos sonará eso de Waterloo y eso de Santa Elena.

Mi mirada se ha ido al techo —que es donde se va siempre que no ve nada en el cerebro— y el ojo se me ha alegrado al ver una mosca... ¡en el díptero estaba el remedio! Usted no ha leído —que yo sepa— ninguna autobiografía de una mosca y la vida de una mosca es apasionante, estupenda y divertidísima; yo, impunemente, podría adjudicarme todas las peripecias y avatares de ese bicho sin que usted se llamara a engaño... ¡Menuda existencia! La mosca no da golpe en todo el día; puede irse cuando se le antoja a Vigo o a Málaga; está facultada para hacerle la vida imposible a ese señor de la barba que nos es tan antipático; es capaz de arrasar una nación con la misma eficacia de un Estado Mayor si se dedica a transportar epidemias; desconoce los problemas amorosos, pues todas las moscas femeninas son iguales y ninguna hace dengues ni se da importancia; en un rayo de sol puede veranear tan ricamente y en un grano de uva encuentra comida y bebida para un rato largo; tiene, en una palabra, todas las ventajas propias de los humanos y se ensucia tranquilamente en todos los inconvenientes que a nosotros nos hacen polvo...

Y, sin embargo, yo no puedo hacer eso; mi orgullo de bípedo emplumado —a veces, cuando me la presta algún amigo, escribo con una Parker— me ha dado una bofetada y, como si fuera una persona de respeto, me ha dicho apenas ha visto mis intenciones:

«¡Imbécil! Eres un hombre, señor Azcona; un hombre hecho y derecho, aunque un poco cargado de espaldas... Si te da vergüenza hablar de tus narices, de tu pasodoble y de tus sufrimientos; si te ruborizas con solo pensar que mides un metro setecientos treinta y tantos milímetros, que pesas sesenta y cuatro kilos y que no tienes el cabello ondulado; si te sonrojas ante la idea de confesar que ni eres un héroe ni eres un benefactor ni eres un patricio... ¡Cállatelo, caramba! Pero tú puedes hablar de ti como escritor... ¿Por qué no le explicas al lector lo que es la vidorra del literato? ¿Por qué no le relatas cómo hiciste llorar a aquel anciano grumete con tu poema "Ola que va, ola que viene, hola, ¿qué tal?"? ¿Por qué no le cuentas el sistema que seguiste para escribir tu novela *Pirineo arriba, Pirineo abajo*? ¿Por qué no aclaras que tú eres un hombre que ha apartado de su camino a la industria y al comercio, a la pedagogía y al estraperlo, a la agrimensura y a la zarandaja? ¿Por qué no dices cómo te has entregado a la tarea de escribir bonitas cuartillas con la pretensión de meterle a la gente la risa en el cuerpo?».

Y yo, después de oír estas cosas, como al fin y al cabo soy un tipo que se deja llevar por todo el mundo, me he ido detrás de mi orgullo. Voy a contarle a usted mi vidorra de escritor; voy a enterarle de los motivos que han determinado el que ahora estén sus manos sosteniendo un libro y no una gamba a la plancha...

Yo, como mi pesadísimo colega el Dante, comencé escribiendo versos; es posible que, si mi Beatriz hubiese sido de tan excelente calidad como la de él, siguiera yo escribiendo cosas sobre el mar, sobre la primavera y sobre todo eso... Pero mi Beatriz me salió rana: en lugar de morirse siguió viviendo... Por ahí debe andar, rumbo a señora gorda, sin darse cuenta de que su manía respiratoria ha chufado mis mejores poemas...

Pero no divaguemos. Decía que comencé escribiendo versos, y es verdad... Tenía yo entonces la tierna edad de quince añitos, y eso que llaman *primer amor* (y que debieran llamar *tontería inicial*) me produjo una versorrea incontenible... Mi adolescencia debió ser una adolescencia asquerosa, aunque yo lo pasara tan estupendamente sufriendo con el hemistiquio. Los jóvenes deben tratar de ahogarse en el río, de robar un besito a las chicas monas, de hacerse o no hacerse ingenieros agrónomos, de dejarse el bigote... Los jóvenes deben esforzarse en cualquier actividad decente, y no en rimar *pío* con *crío* o cursilerías semejantes.

La contumaz y vergonzosa actitud que adoptó mi Beatriz al empeñarse en seguir viviendo me confundió un poco; menos mal que no me hizo caso... Gracias a esto pude escribir poemas bastante tristes sobre las cosas más alegres, aunque no resultaran tan melancólicos como hubieran podido ser si ella se hubiera metido debajo de la tierra que para eso hay en los cementerios... Mi fama de poeta traspasó los límites que mi pudor había establecido, y un buen día vi en letra impresa unos gramos de versos de mi propiedad; durante casi cinco años, yo, convencido de que mis tareas literarias eran algo tan importante como la producción de bicarbonato sódico, versifiqué como un Garcilaso. Pero peor, naturalmente.
Veía una araña tejiendo su telita y ¡zas!:
«Triste araña que tejes tu telita...
Veía a un señor gordo tomándose un chocolate y ¡zas!:
«Triste hombre que tomas chocolate...
Veía a un niño jugando al gua y ¡zas!:
«Triste niño que al guá juegas alegre...
Veía un árbol cargado de melocotones y ¡zas!:
«Triste árbol que portas rica fruta...
Y así, hasta mil.

Fue entonces cuando Logroño se me quedó pequeño: me di cuenta de que, a pesar de haber escrito mil veces la palabra «triste», ni me ponían una corona de laurel ni nada. Y decidí trasladar mis consonantes a Madrid... Me apoyé en el refranero —que es una mina de sabiduría— y, en lugar de escoger los refranes que no me convenían, seleccioné y me repetí los de mi medida... En vez de acordarme de que «el que mucho abarca poco aprieta», me dije que «nadie es profeta en su tierra»; antepuse al «más vale pájaro en mano que ciento volando», eso de que «el que no se arriesga no pasa la mar»; aplasté con el pie el «más vale lo malo conocido que lo bueno por conocer» y enarbolé el «ancha es Castilla».

Y llegué a Madrid la víspera de mi cumpleaños número veinticinco... Otoño de 1951.

Yo no había estado nunca en ningún pueblo tan grande y, al principio, anduve un tanto despistado: no se le puede preguntar a un guardia dónde dan coronas de laurel. Poco tiempo duró mi desorientación: con una rapidez que a mí mismo me sorprendió, localicé el Café Varela, en el que, si no daban coronas de laurel, daban asiento y agua gratuitamente a todo sujeto capaz de subirse al tablado el viernes menos pensado para, desde la tarima, decir tranquilamente su «triste» a través de un altavoz.

Siempre recordaré emocionado a aquellos camareros... El poeta se sentaba y ellos, sin preguntarle nada, le ponían su botella de agua fresca y su vaso. Yo creo que en aquel café consumí más agua que una central eléctrica; prácticamente, durante seis meses no tomé otra cosa. Bueno, un momento... En realidad, de vez en cuando alguien me invitaba a café con leche, y cada día tenía asegurados mis dos o tres pedazos de patata frita, hurtados con toda naturalidad del plato en que se las servían a Eduardo Alonso, aguerrido capitán de la tropa poética... Mi mano, como si fuera un pájaro, picoteaba en el platito mientras mi otra mano escribía febrilmente sus «triste» de rigor; mi boca, como si fuera otro pájaro, cantaba entre patata y patata sus más encendidos endecasílabos...

Y así, seis meses.

Aquel medio año me sirvió de pretexto para gozar de los encantos de eso que llaman «vida bohemia»; allí tuve ocasión de ver tantas cosas y tan «como la vida misma», que con solo apuntarlas en un papel tendría hecho el más guapo de los guiones para películas neorrealistas. Allí, también, conocí a personas que me demostraron que el *Homo sapiens* no es únicamente una cosa que tose, hace pipí y se llama don Manuel; allí conocí a personas que, además de escribir sus «triste» de reglamento con mejor o peor fortuna, eran capaces de mejorar el *record* de humanidad que tienen establecido esos sujetos a los que llamamos «humanitarios» y «humanísimos» solo porque cuando ven a un anciano paralítico no le propinan un puntapié en salva sea la parte o en el mismísimo paladar.

Y fue allí, en el Café Varela, donde me di cuenta de que estaba haciendo el ridículo: una tarde descubrí que en la vida ya está todo perfectamente rimado... El almendro tiene su cielo azul y el bacalao tiene su tomate; las señoritas rubias tienen su tez blanquísima y el domingo tiene sus niñeras y sus soldados; la luna tiene sus manchas y la barraca de feria tiene su monstruo.

Me *quité* de poeta para *meterme* a humorista: la vida, además de sus consonantes perfectas, tiene también sus ripios... «Lo mejor que uno puede hacer es tratar de eliminárselos», me dije. Y me puse a ello.

En julio de 1952, publiqué en *La Codorniz* mi primer original.

Desde aquella fecha hasta hoy, he seguido limando ripios a través de artículos, cuentos, chistes y etcéteras. Me encuentro estupendamente haciendo esas cosas: tirarle de la barba a la severidad, a la tristeza, a la melancolía y a la estupidez es una delicia. De verdad.

Y ahora, si usted ha llegado hasta aquí, simpatiquísimo lector, mi enhorabuena: si se hubiera ido usted a comer gambas a la plancha, lo mismo podía haberle dado un aire que haber recibido un tejazo en la cabeza.

No me negará que es preferible aguantar el rollo que acabo de colocarle. Y si me lo niega, con su pan se lo coma.

(1956. Publicado en
Cuando el toro se llama Felipe)

LO PENOSO DE ESCRIBIR O UNA NARRATIVA MAYOR

Bernardo Sánchez Salas

«Si me tocara la lotería, no escribiría ni una línea. Para mí, escribir es penoso, me cuesta mucho».

RAFAEL AZCONA

«A la contra», por Amilibia.
La Razón, 30 de octubre de 1999

«Azcona no escribe una palabra en vano. No ha renunciado jamás a la literatura, aunque haya renunciado al libro».

FRANCISCO UMBRAL
«Los placeres y los días»,
El Mundo, 15 de junio de 2000

Vida del repelente niño Vicente

(1955 y 2005)

UNA NO NOVELA

Rafael Azcona rememoraba en agosto de 1955, a lo largo de una entrevista mantenida en Logroño a raíz de la repercusión del *Repelente niño Vicente*, sus primeros escarceos narrativos, que habían tenido lugar en su ciudad y en sociedad de una terna formada por sus amigos José María Cañas —barman de un recordado café de la localidad, el Danubio—, Marcos Martínez —empleado de una maravillosa juguetería, la de Silvestre García— y el propio Azcona, entonces recadero de la fábrica de pastillas de café con leche El Avión y al poco, empleado en la constructora de su tío:

> Al principio era para ellos como un juego más. Poco a poco les fue invadiendo ese virus peligroso hasta convertirse en infección crónica. Entonces fue cuando comenzaron a reunirse en el Café Los Leones,[1] lugar en el que organizaban unas tremendas tertulias literarias. Allí emborronaron sus primeras cuartillas de ripios y de novelas clásicas con títulos tan rimbombantes como este: *El niño Pomponio y la ninfa Eufrasia*. Esta novela fue creada por uno de aquellos

---

[1] Mítica cafetería logroñesa, ya desaparecida, pero que se puede ver en su plenitud en algunas secuencias de la película *Calle Mayor* (Juan Antonio Bardem, 1956). En su interior transcurrían algunas secuencias de *vermuteo* de Juan y de sus amigos para practicar «el vuelo de la paloma» (avistar y clasificar a las mujeres de la ciudad que pasan por delante) y perpetrar la «broma» contra Isabel.

literatos en un momento de embriaguez helénico-romana. Sin embargo, ellos se divertían y soñaban. Soñaban tanto como escribían. —Éramos felices —dice Azcona [Aguilar, 1955].

Pero los primeros escritos que publicó no fueron prosa, sino poemas. En el suplemento de la revista logroñesa *Berceo*,[2] llamado *Codal*, dejó entre la primavera de 1950 y la de 1955 —aun cuando Azcona ya llevaba cuatro años viviendo en Madrid— más de una veintena de poemas.[3] Y a *Codal* también enviaría cuatro relatos originales,[4] desde abril-junio de 1952 hasta enero-marzo de 1954. En el Foro, alternaría —pronto— la lírica noctámbula en el parnaso del Café Varela con la (algo) más alimenticia dedicación a la narrativa, aunque bajo seudónimo y en el marco del género rosa, «que es lo que hacían algunos de los habituales dedicados a la prosa: cien folios escritos en tres o cuatro días en una Remington instalada en una mesa del café y alquilada a escote: mil pesetas menos los descuentos» [Sánchez Harguindey, 1998: 23]. En 1952 ya está publicando relatos breves en la revista femenina *Chicas* con el nombre de Jack O'Relly.[5] Y al cabo de dos años dará el salto al formato de novela de bolsillo y kiosco en la colección «Y échate a volar!» publicada por Ediciones CID[6] y asociada a la citada revista con

2 Editada por el Instituto de Estudios Riojanos.

3 Consúltese respecto a la poesía de Rafael Azcona la selección y notas de (el también poeta) Manuel de las Rivas, «Rafael Azcona: poesía juvenil»; estudio incluido en la revista *Calle Mayor. Trimestral de Literatura, Crítica y Artes*, n.° 4/5, pp. 50-80, 1986; el artículo de José Ignacio Foronda «Un hombre que fabrica un esqueleto», en *Turia. Revista Cultural*, n.° 113-114, pp. 198-205, 2015; y el volumen *No canto porque existo, existo porque canto*, de Rafael Azcona. Recopilación, introducción y notas de Luis Alberto Cabezón (Planeta Clandestino, n.° 107, 2012)

4 «Del pozo de los recuerdos», «Cuando hay que morir», «Doña Ascensión» y «Fernández».

5 Con títulos como «El amor cuesta $0,25» o «La chica que exigía mucho».

6 O GILSA S. A., solo en el caso de la primera de ellas. CID estaba en Desengaño, 9 y GILSA en la Plaza del Cordón, 1.

el sello Biblioteca de Chicas;[7] sirviéndose del mismo seudónimo, O'Relly, y mismo género —el lema de la colección no engañaba al respecto: «un suspiro, una risa, una lágrima, un beso»—. A esta colección daría cinco novelas, la última en 1958; es decir, que fue una práctica prolongada y paralela a la producción de su narrativa mayor, a sus colaboraciones en la revista *La Codorniz* y en el diario *Pueblo* y a su ingreso en el cine. Las «cinco de O'Relly» son, a todos los efectos, cinco novelas más estimables de lo que él estaba dispuesto a admitir, pues aun etiquetándose como «rosas» no fueron nunca cursis (incluso su tono en algunos momentos era grave) y en ellas, de rondón, filtró asuntos que le tocaban de cerca como la llegada de la provincia a la gran ciudad, la vocación literaria, la desilusión amorosa, la guerra o el mundo del cine. Merecerían una lectura y edición aparte. Y, desde luego, han de considerarse las dos primeras, publicadas ambas en 1954, *Amor, sangre y dólares* y *Siempre amanece*, sus dos primeras novelas, anteriores a *Vida del repelente niño Vicente* y *Los muertos no se tocan, nene*.

Amor, sangre y dólares apareció en enero de 1954 y, aunque la firmaba en portada Jack O'Relly, en el interior constaba ser ¡una «adaptación del inglés por Azcona»! Toda una humorada. Su motivo argumental giraba en torno al mundo taurino, que el logroñés conocía bien por su afición juvenil al toreo. *Siempre amanece* saldría en el mes de octubre, escudada en O'Relly pero —de nuevo la coña— como «versión del inglés por Rafael Azcona». Me detengo algo más en ella. Partía de un episodio de la Segunda Guerra Mundial que separaba a unos novios, Paul y Odette. En la ambientación bélica de esta historia de una pareja que tiene que huir de su país resonaba un eco de la contienda española. Sobre todo por lo que suponía la invasión (alemana) en la vida tranquila y aldeana de Celle, un pueblo con caserones, iglesia, campanario, párroco, ritos y un

---

7   Creada por Consuelo Gil Röessel en 1948.

paisanaje que en sus usos y costumbres recuerda mucho al español; una población, la francesa de esta historia, con «resistencia» y una decidida lucha por la libertad. El paralelismo que se intuye se incrementa cuando, en el hospital norteamericano, un médico —que al recibir un informe falso certificando la muerte de Paul verá el camino despejado para intentar conquistar a su enfermera, Odette— lee en la Biblioteca de su Club de Golf un libro, al azar, con una cita en español que pudo comprender casi intuitivamente:

«Poned atención:
un corazón solitario,
no es un corazón».
Charles se sorprendió pensando en aquel hombre que había escrito aquello: Antonio Machado... Le era completamente desconocido, y, sin embargo, se sentía tan cerca de él como nunca lo estuviera nadie [Azcona, 1954b: 60-61].

Antonio Machado era uno de los poetas que más influyeron en la poesía juvenil de Azcona, y Odette será, en 1960, el nombre de la protagonista de *Los europeos*.

1954 resultó ser, por otras circunstancias convergentes, un año que condujo al ensanchamiento de la narrativa de Azcona. Miguel Sánchez López, Francisco Pérez González y Rafael Gutiérrez Girardot creaban la editorial Taurus, mientras que Azcona comenzaba en junio las viñetas del *Repelente niño Vicente* en *La Codorniz* y en julio sus colaboraciones en *Pueblo*. La ascendencia de Vicente eran dos Juanitos: las «Cartas que el pundonoroso niño Juanito escribe a su amadísimo abuelo» de Giovanni Mosca,[8] escritor, viñetista y caricaturista (de *Bertoldo* y *Candido*, entre otras revistas de los *humoristi*), y el *Giannetto* (1836) de Luigi Alessandro Parravicini, *Obra elemental de educación* que contó con muchas traducciones en Es-

---

8   Las dos primeras cartas se habían publicado contiguas en el n.° 54 de *La Codorniz*, el 14 de junio de 1942.

paña en los años treinta y cuarenta, un libro *scolastico* de urbanidad y buenas maneras en el que, como dijo el escritor Ángel Carmona Ristol —perteneciente a la generación afectada—, se miró el «positivismo burgués».[9] A través del repelente Vicente, un ejemplo de la corrección y la reglamentación inoculadas desde la más tierna (y en este caso perversa y polimorfa) infancia, Azcona pretendía fustigar públicamente el exceso de cordura y seriedad de niños y adultos, y satirizar la instrucción con la que el catón nacional-católico había ahormado a la sociedad española.

La celebridad de Vicente fue instantánea, así como el ascenso de Rafael Azcona al escalafón del humor dejando atrás lo que él calificaba de «tristes» (versos tristes). «Me hice humorista para deshacer los ripios de la naturaleza», le decía a José Luis Castillo Puche en una entrevista para *El Español* (07/08/1955).

En la primera orla literaria en la que se verá inscrito Azcona ya aparece agrupado dentro del apartado humorístico. *Ateneo. Las ideas, el arte y las letras; revista de los ateneos de España* publicó en su número extraordinario 73-76 del 1 de febrero de 1955, en su sección «Última promoción», una nómina de «III escritores nuevos». Azcona figuraba incluido en «Cuento y humor», junto a Ignacio Aldecoa, Fernando García Pavón, Medardo Fraile,[10] Álvaro de Laiglesia, Manuel Alcántara y Manuel Pilares. Como muestra de su producción se adjuntaba el relato —no especialmente cómico— titulado «Fernández»,[11] que debió ser selección suya, pues lo había

---

9   «Un autor, ensayista. La vocación dialogante», *La Vanguardia*, 26/01/1967.

10   De quien, en 1989, adaptaría a guion cinematográfico —extraordinario, por cierto su novela *Autobiografía* (1986) con el título de *El laberinto*. La película iba a ser producida por Classic Films/Eduardo Ducay (productor de *El bosque animado* [J. L. Cuerda, 1987]), pero nunca se llegó a rodar.

11   Una estampa, casi emotiva, de Rosa Fernández: personaje de una solícita, amable y hermosa mujer que en el café facilita generosamente a los escritores todos los elementos «de oficina» que precisan para escribir. No sería nada extraño que estuviera basado en alguna figura real.

publicado hacía dos años en Logroño, en el número 21 de *Codal* (enero-marzo de 1953). La confirmación de Azcona como nuevo valor del humor, literario y gráfico, sobrevendría cuando Taurus, ese mismo año, inició una colección titulada El Club de la Sonrisa[12] con una suerte de biografía[13] del niño Vicente, si bien desprovista de ambiciones novelísticas según el propio Azcona se aprestó a reconocer: «Mi libro no es una novela. Sino la caricatura de biografía del personaje que yo he dibujado en *La Codorniz*. Para contarla, recojo los "antecedentes", "ambiente", "educación", "herencia", etc.».[14] De hecho, la primera oferta que le realizó Taurus fue publicar una antología de viñetas, no un texto [Aguilar, 2014: 40]. Le pagaron por el encargo 5.000 pesetas: «Eso me cegó».[15]

Así, la primera edición de *Vida del repelente niño Vicente* sale publicada como número 1 de la colección en abril de 1955. La crítica la saludó con simpatía y el público multiplicó de inmediato la popularidad del personaje. Un pie de foto en *Pueblo* (02/06/1955) describía el libro como un «relato humorístico que por su agudeza, su espíritu de observación y su originalidad constituye una de las notas más salientes del actual momento literario español». En la reseña que el también escritor logroñés José María Lope Toledo (1914-1973) le dedicó en la revista *Berceo* (n.° 35, 1955, pp. 244-245) destacó de su paisano «la habilidad para descubrir la veta hilarante que la pobre Humanidad lleva consigo, aun en los temas y en las situaciones en que predominan los elementos más contrarios a la

---

12 Colección que se mantuvo entre abril de 1955 y finales de 1959.

13 Hay que recordar aquí que en fechas cercanas, muy probablemente hacia 1955 —aunque no se pueda precisar por falta de pie de imprenta—, Azcona escribió bajo el seudónimo de Edward Mason la biografía de otro personaje de ficción, *Pimpinela Escarlata*, para la Colección Celebridades de la madrileña Editorial Dólar.

14 El Silencioso, «Díganos la verdad. Rafael Azcona», *Pueblo* (21/05/1955).

15 En Miguel Mora, «Rafael Azcona / escritor guionista: "Vicente era el niño ideal del nacionalcatolicismo"», *El País*, 08/05/2005.

comicidad» y la «atmósfera de blanda zumba en que la narración transcurre». *La Vanguardia*[16] consideraba, en sus aspectos pedagógicos, la *lectio* de la obra y del modelo de personaje:

Rafael Azcona entra con paso firme en el campo de la biografía, siempre difícil, con este libro sobre una de las vidas más típicas de nuestra época en que por desgracia los valores morales se van relajando y las virtudes son motivo de chacota. Aunque su modestia procura ocultarlo echándole humor (y en este caso, el humor es el caparazón que oculta un espíritu delicado). Azcona ha intentado —partiendo del modesto «mono» que se asoma a una de las páginas de *La Codorniz*— ensanchar el campo de una vida que nos invita a meditar sobre el bien y el mal, que quizá nos señale el camino, nos marque la pauta para la educación de nuestros hijos. Es posible que en más de una ocasión acometan al lector feroces deseos de patearle la tripita al niño Vicente, pero no se lo recomendamos: un biografiado siempre invita al respeto y pensemos que algo tendrá para que se escriban páginas y más páginas sobre su existencia, cuando tantas vidas andan sueltas por ahí y uno no se entera de que vivan. Azcona con su «repelente» héroe de la mano y lleno de sana intención procura insuflar humor a tanta seriedad, siquiera aparente. Y hay que reconocer que cumple sus objetivos cumplidamente.

El sevillano Rafael Laffón, poeta, técnico de la Administración y crítico literario, elevó el tiro de su crítica en la edición andaluza de *ABC* (26/07/1955) incardinando la obra en reflexiones de calado sobre el humor:

Rafael Azcona, como toda una curiosa promoción de humoristas, se ejerce en una sátira de sangre fría, reseca, de crueldad mental acusada, cuyas piezas se van moviendo para ajustarse calculadamente como sobre un tablero de ajedrez. Hay veces que recibimos de la lectura una impresión de algo abstracto, voluntariamente «formulado» y laborioso, pero conseguido con indudable talento y lucidez. Nada más diferente de ese humor sajón —inglés o americano—, fluyente, en círculos de lenguaje eufemístico, en un juego de contraste entre

---

16 (s. a.). (16/08/1955).

realidad y expresión, que nos hace sonreír con simpatía y casi con ternura. El modo del humor español en esos escritores ha dado el tono —y un acento muy particular— a una popularísima revista festiva del momento, en donde colaboran en su mayoría. ¿Quién puede prever el alcance de esta vena literaria del humor? Nuestras novelas picarescas del ciclo clásico son igualmente duras de aristas y sonríen con amargura al lector de hoy. Pero pueden provocar la risa sin reserva. Posiblemente la provocarían a carcajadas en el tiempo en que fueron escritas. Por eso este ácido libro de Rafael Azcona, saturado de ingenio e intención, divertirá seguramente —y le divertirá con saludables efectos—, al lector que sin mayor preocupación se acerque a sus páginas.

El éxito de *Vida del repelente niño Vicente* fue fulgurante y le permitió acariciar a Azcona lo más parecido a una vida de escritor famoso. Firmar ejemplares a centenares en las casetas de la Feria Nacional del Libro e incluso, en el curso de una de esas jornadas de destajo ferial y acompañado de otros dos mosqueteros del humor de la casa —Evaristo Acevedo y Rafael Castellano—,[17] permitirse elegir, sancionar y quemar públicamente «el peor libro del año» en su opinión, que resultó ser *Historia de una vedette contada por su perro*,[18] de Álvaro Retana, ¡siendo el mismísimo niño Vicente el encargado de prenderle fuego al ejemplar![19] O ser reclutado para participar con escritores y artistas —entre ellos, su paisano Pepe Blanco y Lolita Sevilla— en el festival de las Fiestas del distrito de Chamberí.[20] Por poner solo dos ejemplos. Editorialmente fue un hito: *Vida del repelente niño Vicente* alcanzó en El Club de la Sonrisa cuatro ediciones en un año. Una vida que se prolongaría de largo,

---

17 Que habían publicado a continuación de Azcona en el mismo Club *Los ancianitos son una lata* y *Pepe*, respectivamente.

18 Editado en 1954 por la Colección Carnaval.

19 *Informaciones*, 02/06/1955.

20 *ABC*, 19/07/1955.

porque Taurus publicaría en 1957, fuera del Club y en tapa dura, *Chistes del repelente niño Vicente*,[21] compuesto por viñetas con un notable valor gráfico dibujadas a página entera por Azcona. Por cierto que en su contraportada se informaba que: «en la actualidad prepara una novela que se llamará *Un señor muy formal*, y cuyo protagonista, aunque parezca raro, no será un señor muy formal», novela de la que no existe noticia posterior. Ese mismo año 1957, Azcona entraría en la nómina de la *Antología del humor español*, editada también por Taurus en El Club de la Sonrisa, junto a otros veintitrés escritores, desde Antonio de Lara, Tono, a Julio Camba pasando por Jardiel Poncela, Edgar Neville, Antonio Mingote, Gila, Wenceslao Fernández Flórez, Álvaro de Laiglesia o Miguel Mihura. Tres textos de Azcona fueron seleccionados para la ocasión: «Nuevo pobre», «La vocación» y «El maravilloso don José», de las cosechas de 1952, 1953 y 1954 de *La Codorniz*, respectivamente.

Y aún habrían de producirse más reencarnaciones del repelente y su *Vida*: una edición en 1959, en el número 27 de la colección Libros de Humor El Gorrión (de Ediciones G. P., de Barcelona), «La colección en donde se dan cita los campeones de la risa, la sonrisa y la ironía», junto a las novelizaciones de las películas de Jacques Tati *Las vacaciones de Monsieur Hulot* (1953) y *Mi tío* (1958) que hizo Jean-Claude Carrière. Y la que es, sin duda, una de las más curiosas —por ubicarse fuera del tintero— y menos recordadas pervivencias de Vicente: desde el 1 de octubre de 1964 hasta el 7 de enero de 1965, una de las secciones del programa de sobremesa *Sonría, por favor* que emitía Televisión Española fue «El repelente niño Vicente». Los guiones estaban firmados por Manuel Ruiz-Castillo,[22] la realización

---

21 Reproducido en el volumen *Repelencias* [Azcona, 2017: 169-237].

22 Comediógrafo y guionista de cine y televisión. Los capítulos emitidos el 5 y 12 de noviembre y el 10 de diciembre de 1964 aparecieron en la prensa como originales de (por errata, claro) Luis Azcona, o solo Azcona y adaptados por Ruiz-Castillo.

era del también director de cine Pedro Luis Ramírez[23] y contaba con Juan Ramón Torremocha en el papel de Vicente, secundado por Valeriano Andrés (como su padre), Margot Cottens, José Luis Coll, Luis Sánchez Pollack, Mari Carmen Ruiz, Josefina Fenol y Carmen Bescós [Sánchez Salas y León, 2010: 125-126].

Y lo más importante: el repelente niño Vicente pasó a formar parte del elenco familiar de los españoles. No es raro, todavía hoy, el escuchar referirse a este niño cuando se trata de tipificar a alguien insufriblemente pedante o «pitagorín». El propio Azcona adoptaría «Repelente» como uno de sus seudónimos a partir del número 754 de *La Codorniz* (29/04/1956) titulado «Consejos a las mujeres fatales», sirviéndose de él cada vez que hacía un artículo moralizante o aleccionador. Las viñetas con el personaje seguirían apareciendo en *La Codorniz* hasta poco después, julio de 1956.

La editorial Aguilar, en 2005, publicó una reescritura realizada por Azcona de *El repelente niño Vicente* con la llamada de «¡Nueva versión no autorizada!». Es la versión que se recoge en la presente edición.

23　Con currículum jardeliano; las adaptaciones de *Los ladrones somos gente honrada* (1956) y *Fantasmas en la casa* (1958), que era una segunda versión de *Los habitantes de la casa deshabitada.*

Cuando el toro se llama Felipe

(1956)

Un toro complejo

Aunque fue editada en 1956, *Cuando el toro se llama Felipe* bien podía haber sido la primera novela conocida de Rafael Azcona si, como
afirma un suelto publicitario encartado en los ejemplares, Azcona la
escribió en la primavera de 1954, lo que la situaría entre las dos primeras de O'Relly y antes que *Vida del repelente niño Vicente*, aunque
se publicara después. De hecho, en agosto de 1955, José Luis Aguilar [1955] anunciaba que antes de acabar el año saldrían a la venta
nuevas obras del autor, quien, preguntado por sus títulos, avanzó:
Cuando el toro se llama Felipe, una novela corta titulada *Memorias
de un señor bajito* y, en la misma colección que *Vicente*, una novela
humorística titulada *Los muertos no se tocan, nene*. Los plazos previs-
tos no se cumplieron, pues *El toro Felipe* y *Los muertos* tendrían que
esperar hasta el año siguiente, y el *Señor bajito* hasta una fecha in-
concreta —no consta el dato en su edición—, circa mediados de los
cincuenta. Pero la previsión sí aportaba pistas acerca de los planes de
publicación de Azcona y de su ritmo de escritura.

Cuando *el toro se llama Felipe* apareció publicada por la Editorial Cremades, radicada en Tetuán. Y este es, ya de entrada, uno
de los aspectos destacables de la obra, aunque podríamos enu-
merar varios más: una «desilusión» de su pasión juvenil por el

mundo taurino y sus tópicos asociados; un tamiz irónico que la convierte en una singular pieza de la literatura taurómaca; el encaste —nunca mejor dicho— en la fabulística satírica que practicaron los *humoristi* y *La Codorniz*; una articulación narrativa compleja, bordeando la autoficción (varios «Rafaeles» juegan y se reflejan en esta historia); el que Logroño sea el telón de fondo inicial; el que irrumpa la Guerra Civil como un contexto perturbador, y, por último, un formato, motivos, tono y reciclaje que hace que incluyamos esta novela en lo que Santiago Aguilar [2014: 42] denomina, dentro de la producción de Azcona, «libros *codornicistas*», cuyos exponentes más claros son *Vicente, El toro Felipe* y el *Señor bajito*.

Cremades fue un caso muy especial de editorial. Mohamed Abrighach [2008: 1-2], de la Universidad Ibn Zohr-Marruecos, realizó una semblanza de sus orígenes. Fundada en Tetuán como librería, imprenta, talleres y editora en 1940, en pleno protectorado español de Marruecos (1912-1956), publicó en una primera etapa, entre 1940 y mediados de los cincuenta, desde textos administrativos hasta ficción en árabe y en castellano. En una segunda etapa, coincidiendo con el principio del fin del protectorado, y ya con el nombre de Ediciones o Editorial Cremades, diversificó su catálogo en tres colecciones de bolsillo, comercializadas en Ceuta, Melilla, Tánger, Andalucía y Madrid: una de textos clásicos para el Bachillerato, otra de novela y una tercera de humor y comedia bajo la etiqueta de Colección Buenas Noticias, que permanecería en activo desde 1955 a 1959. Esta última colección se inició con una novela de Antonio Mingote, *Las palmeras de cartón*,[24] y su segundo número fue *Cuando el toro se llama Felipe*, con portada del propio Azcona. En la colección participarían otros miembros de la nomenclatura de *La Codorniz*: Chumy Chúmez, Munoa y Mena —además de Mingote— realizarían portadas; Óscar Pin (Fernando Perdiguero Pérez) vería publicada *El rey y Mary Pepi*, y Ángel Palomino haría doblete con *La luna no se llama Pérez* y *El césar de papel.*

Y es que la Colección Buenas Noticias no fue ajena a las circunstancias codornicistas, sino derivada en buena parte de ellas en un momento de desafección producido entre la revista y algunos de sus colaboradores más emblemáticos, sobre todo Mingote, quien —por desavenencias de carácter y criterio con Álvaro de Laiglesia, su director desde 1944— acababa de migrar en 1955 a la dirección de *Don José*,[25] el Semanario del Humor del Diario *España* de Tánger —aunque se imprimía en Madrid—, lo que fue considerado desde el Palacio de la Prensa —en su caso y en el de otros colaboradores[26] que se pasaron con Mingote— una deserción en toda regla. *Don José*, clara heredera en el tipo de humor de la decana *Codorniz*, tuvo una corta vida —107 números— a causa de «limitaciones en cuanto a la calidad del papel y algún que otro defecto de impresión» [Villanueva Nieto, 2002: 35] y «por agotamiento» [Aguilar y Cabrerizo, 2019: 411], pero le caracterizó una gran calidad en el trabajo de los dibujantes. La excepción en este ambiente enrarecido que —producido por el contencioso *Codorniz/Don José*— se respiraba en los cuarteles del humorismo fue Ángel Palomino, quien por lo visto contaba con la anuencia de de Laiglesia para alternar las dos orillas.

24　Esta novela ya la había publicado Mingote en 1948, editada por la Librería Clan (Tomás Seral y Casas), en la Colección El Lagarto al Sol, con ilustraciones de Lorenzo Goñi.

25　Se publicó entre el 13 de octubre de 1955 y el 20 de marzo de 1958.

26　Gila, Tono, Nacher, Détile o Neville, entre otros [Aguilar y Cabrerizo, 2019: 410].

Y sería precisamente Palomino,[27] antiguo jefe del *Diario de Larache*, el director de la Colección Buenas Noticias de Cremades, lo que sin duda, facilitaría el fichaje de Azcona, del que —por otro lado— tampoco hay noticia de que se enemistara con de Laiglesia; es más: se encontraba entonces Azcona en una época fecunda en la revista más audaz, e incluso a pocos meses de alistarse en su ejército —con de Laiglesia como jefe del Estado Mayor— para declararle, en octubre de 1956, una tronchante guerra a Inglaterra por la hora del té y el uso de un sistema métrico distinto al nuestro decimal. Además, la sección «La Biblioteca de *Don José*» del semanario tangerino publicaría el capítulo «La vituperable vida de las moscas» perteneciente al *Repelente niño Vicente* y un fragmento de *Los muertos no se tocan, nene* [Aguilar y Cabrerizo, 2019: 411].[28]

Cuando el toro se llama Felipe era, en lo más inmediato, una coda —con aire de despedida— de la intensa afición del joven Azcona por todo lo que tuviera que ver con toros y toreros. Una afición heredada de su padre, Dionisio Azcona, quien fuera miembro de una cuadrilla de «cojos toreros» (en la novela se inventa, al hilo, el término «sentimientos paterno-taurómacos»), y que Rafael practicó en todos los campos, tanto en las letras como en la arena: fue miembro de la tertulia taurina de Radio-Rioja *Alamares*; escribió poemas taurinos; inventó del *versotoro*[29] —que presuponía en la res «un desarrollado sentido poético» [Aguilar, 1955] (y que

---

27 Que en *La Codorniz* firmaba como «Ulises» para hacer crítica literaria e inventó la sección de «pseudoescritores», en la que impostaba con habilidad el estilo de autores célebres.

28 Concretamente —y cito por Aguilar y Cabrerizo— en los números 2 —del 20 de octubre de 1955— y 40 —del 12 de julio de 1956—, respectivamente.

29 Azcona le explicó a Aguilar [1955] en qué consistía el invento: «¿Qué cosa es? Sencillísima. Se saca al ruedo un toro de tamaño natural, se le coge con cuidado del cuerno derecho y en la oreja izquierda se le comienza a recitar delicadamente una poesía, que ha sido compuesta por el mismo torero». Llevado el «versotoro» hasta sus últimas consecuencias, si el poema no era del gusto «del cornúpeta, acabará con la vida del desgraciado *versotoricolari*».

ya apuntaba la fábula de *El toro Felipe*)— y, en el ruedo de verdad, probó varios empleos (peón de confianza, espada de cuadrilla o segundo matador) en alguna capea, becerrada o festival. Nunca ocultó, en fin, que hubo un tiempo en que aspiraba seriamente a ser torero. Pero renunció a ello para terciar en la literatura, tampoco exenta de cornadas, como no tardaría en comprobar.

La lírica taurina tuvo su momento y sus «espontáneos». Incluso el Café Varela le dedicaría unos «versos de medianoche» en junio de 1952 —con Gabriela Ortega, sobrina de El Gallo como rapsoda—. Y el humor taurino, en el que se ironizaba sobre las esencias castizas, se invertían los papeles de toro y torero y se antropomorfizaba al bóvido dotándolo de voz y conciencia convirtiendo la lidia en una comedia del absurdo, fue un filón recurrente en *La Codorniz* desde el principio. Baste citar artículos como «Aquel señor que se inventó el toro» (n.º 4) y «La mujer, el toro y el torero» (n.º 57); o «El pundonoroso diestro don Vicente de Triana» (n.º 70), del maestro Tono, o «Nueva explicación del toreo» (n.º 41) y «Un toro es un toro», del maestro Wenceslao Fernández Flórez.

A Azcona, observador de las paradojas vitales, esta inversión de los roles y la animalización del humano, cuando no metamorfosis (y aquí el capote lo metió Kafka), le inspiró el esquema cómico de algunos artículos y chistes gráficos sobre el tema entregados a *La Codorniz* entre 1953 y 1958: «El toro Celipe [sic] habla del afeitado», «Toros en 1963 (Reseña de entonces)» —desternillante crónica tauro-ferroviaria de anticipación—, «El cerdo (con perdón) como toro de lidia», «¿Quiere ser usted propietario de este potente y gordo toro de lidia?», «Si la fiesta de los toros fuera inglesa» y «Consejos a los toros bravos».[30] O a *Pueblo*, entre 1955 y 1956: «¡Al toro, que es una mina!», «La fiesta de los toros (Explicación para turistas)», «Mamá

---

30 N.º 585, 01/02/1953; n.º 617, 13/09/1953; n.º 659, 04/07/1954; n.º 733, 04/12/1955; n.º 778, 14/10/1956 y n.º 869, 13/07/1958, respectivamente.

de torero» o «Toritos bravos (Cuentos que parecen de verdad)»,[31] que sería, por cierto, su último artículo en el diario.[32]

En *Cuando el toro se llama Felipe*, Azcona apurará el método pa-radójico cruzando las peripecias de un tipo que no puede ser torero por llamarse René y no Rafaé, y por haber nacido en Logroño y no en Sevilla; la de un torero a la fuerza que no quiere serlo porque le da pena matar a los toros; la de un niño convertido también a la fuerza en toro y la de un toro de raza holandesa —el Felipe— que embiste como un toro español. La novela trata de la fabricación artificial de un torero, al modo berlanguiano de mutar un pueblo castellano en un pueblo andaluz. Y no andan muy lejos aquí, por cierto, la relación entre Rafael Pérez/Rafaé de la Raya y su toro particular y la relación entre el torero Cocherito y su toro portátil en *Calabuch*, del mismo 1956. Pero también de un modo frankensteiniano, porque la novela desemboca en un encarnizado enfrentamiento, por causa de una no-via y con un océano de por medio, entre el creador —Rafael Pérez, un «falso» torero, también moldeado por su padre— y la creatura —un falso «toro», pues es realmente un humano forzado a simular ser un novillo—. *Cuando el toro se llama Felipe* detalla la anatomía de un *fake*, de una impostación. Denuncia lo factible que es aparentar un personaje, una idea o una existencia cuanto más se hace depender de tópicos y signos instaurados o codificados (y en esto la tauromaquia es enciclopédica). Late, por tanto, en este *Toro Felipe* aparentemente disparatado, un fondo trágico, pues trata del determinismo familiar y de la violencia ejercida o autoejercida —no se pase por alto que se trata con un asunto de muerte— en el proceso de adaptación para conseguir el éxito social y el reconocimiento. Trata de la falta de li-bertad del individuo, en definitiva, recortada desde la infancia. Y esto cuenta ya para toda la obra, literaria y cinematográfica, del autor.

---

31 30/04/1955, 14/05/1955, 16/06/1956 y 25/08/1956, respectivamente.

32 En el que también publicaría una quincena de viñetas con toros como protagonistas.

Azcona monta una taracea narrativa nada simple y, por momentos cervantina. La novela —precedida por una dedicatoria que ya anuncia la muerte de Felipe, lo cual no es poco atrevido— está narrada por Vicente Pons, aquel niño obligado a ser el falso toro propiedad de Rafaé; un narrador que —como providencia digna de un teórico de la literatura— reconoce ante el lector que, al no haber podido ser testigo directo de algunos episodios de la familia Pérez, se ha tenido que documentar para lanzarse a escribir. Pero es que, además, Vicente utiliza historias intercaladas como la del niño que quería ser huérfano, Fernandito, o la del toro Felipe, que —siendo la que presta el título— constituye una novela dentro de la novela. Azcona imbrica en el texto piezas contadas por voces distintas (varios prólogos y epílogos, y —hablando de *Frankenstein*— se sirve del género epistolar), incluye una introducción autorreferente a su biografía como logroñés y su «vidorra de escritor» y añade un *bonus track* con «cuatro cuentos y un drama pequeñito». Cuatro cuentos... ¡que son cinco! Pero sí que cuatro de estos cuentos más el drama pequeñito son reciclados de *La Codorniz*: «El nuevo pobre» (1952), «El hombre que no se moría» (1952), «La flauta» (1952), «Otoño y domingo por la tarde» (1953) y «El higo pródigo» (1952) —este es el «drama»—.[33] El quinto, «El hombre que venía a hacer la risa», que se publicó por primera vez en esta adenda, sería reciclado (sin título, como un capítulo más, el XVI del relato mayor) en *Memorias de un señor bajito*.

Cuando el toro se llama Felipe es todo un hipertexto (o un hipertoro).

Y dejo para el final el hecho audaz por parte de Azcona, «niño de la guerra»; el que un tramo importante de la acción de su novela

---

33 De estos, se reciclarán luego en *Pueblo:* «La flauta», «El higo pródigo (Drama pequeñito pero gordo)», «Nuevo pobre» y «El hombre que no se moría» (todos de 1956). Y en la *Antología del Humor Español* de Taurus de 1957 «Nuevo pobre». «Otoño y domingo por la tarde» se reciclaría también en *Memorias de un señor bajito*.

transcurra —para mayor carga autorreferencial— durante la Guerra Civil, y en su ciudad. Entre paño y bola, el narrador, entonces un niño-toro de doce años, revive unas sensaciones extrañas que solo en la edad adulta supo interpretar en su calado dramático:

> No pudimos darnos cuenta exacta de lo que fue aquella época porque —aparte nuestros entrenamientos— todo el tiempo de que disponíamos era poco para emplearlo en jugar al ataque, a la defensa, a la guerrilla ni aun a la escaramuza. Después he sabido todo lo trágico que fue aquel tiempo para don René quien, impotente, tuvo que ver cómo *la afición* se le iba de las manos... Parte de ella se fue al frente; los otros, desertando de las copas de coñac y de los puros, se pasaron a los mapas en brazos de la estrategia; en todos los cafés la gente se inclinaba sobre los mapas esos para, periódico en mano, dedicarse a clavar banderitas en las posiciones citadas por el parte oficial. Por si esto fuera poco, Rodolfo, el fiel Rodolfo, el diligente Rodolfo, el insustituible Rodolfo, se hizo cargo de un fusil y se fue a tirar tiros.[34]

Suponía el fin de «la afición», en todos los sentidos.

Azcona no reescribió nunca *Cuando el toro se llama Felipe*. Se reproduce aquí, por tanto, su primera y única redacción.

---

34 [Azcona, 1956c: 105-106].

Los muertos no se tocan, nene

(1956 y 1999)

Un giro de guion

En 1956, Rafael Azcona pasa por un pico de trabajo: *Vida del repelente niño Vicente* no solo ha alcanzado su tercera edición en El Club de la Sonrisa, si no que ha consolidado a Azcona como uno de los humoristas de cabecera de Taurus, junto a Evaristo Acevedo y Rafael Castellano,[35] lo cual le acarreará bolos —desde firmas el Día del Padre en Galerías Preciados hasta recitales en colegios el Día del Maestro—, ferias y hasta alguna *performance*.[36] Escribiendo y dibujando va, en paralelo, por su cuarta temporada en la redacción de *La Codorniz* y hasta finales de ese año seguirá colaborando con el diario *Pueblo*. Publica una tercera de O'Relly, *Quinta Avenida*, y una segunda novela, *Cuando el toro se llama Felipe*. Y, a mayor abundamiento, el productor milanés Marco Ferreri (1928-1997),

---

35 La publicidad en prensa —sin ir más lejos en marzo de 1956, con motivo de la firma de libros (Azcona, por supuesto, con su exitoso *Vicente*) en Galerías Preciados— los reunía bajo el marchamo taurino de «3 humoristas 3» y los calificaba de «autores más reídos de la actualidad» (*ABC*, 16/03/1956).

36 La quema del «peor libro del año», por ejemplo, que ya ha referido en la introducción a *Vida del repelente niño Vicente*.

que ya había realizado una primera visita a España en 1954 con el objetivo de armar una película taurina con Fellini y un *Quijote* con Dino Risi, acababa de regresar a Madrid, crear una productora —Albatros Films—, leer *Los muertos no se tocan, nene* —recién aparecida— e interesarse en conocer personalmente a su autor para adaptarla al cine. Todo estaba, en fin, a punto de virar en la vida y dedicaciones de Rafael Azcona Fernández. Le aguardaban, insospechadamente, el cine e Italia.

Los muertos no se tocan, nene descollaba de una manera inequívoca —tras el viñetismo literario de *Vicente* y el *pulp* de O'Relly— como una primera novela por su formato y aliento narrativos. Azcona la acabó de escribir en marzo de 1956 y El Club de la Sonrisa la publicó, con portada de su amigo Mingote y el dorsal número 17 de la colección,[37] en el mes de abril,[38] de nuevo en puertas de la Feria Nacional del Libro de junio: mercado fijo para el humor primaveral. Curiosamente, el día 11 de abril, en el n.° 747 de *La Codorniz*, Azcona había publicado un artículo titulado «¿Puede una honesta hija de familia enamorarse de un afilador ambulante?», que recordaba inevitablemente una de las tramas de *Los muertos*: la relación del afilador Manoliño con Clara, la hija de don Mariano Perlé. Pero son dos colaboraciones en *La Codorniz* muy anteriores las que mejor conectarían con el sainete socio-funerario de *Los muertos*: «El hombre que no se moría» y «Consejos para moribundos».[39] En la primera, Azcona trabajaba ya la paradoja aguda que habría de emplear para articular sus siguientes novelas: es el muerto el infractor —y por tanto amonestable y hasta punible— por no morir cuando se espera que lo haga, algo que pagará falleciendo tres años más tarde, sin pompas (fúnebres), sin familia ni amigos. Y en la segunda, con el objetivo, de nuevo, de lograr la corrección mortuoria y atenerse al protocolo social de la defunción, el Profesor Azconovan —uno de los seudónimos de Azcona— ofrecía algunos consejos de «educación preagónica» (sic), llegando incluso a recomendar que algún allegado del agonizante le cortara la respiración en el momento en que sus músculos faciales estuvieran «ordenados armoniosamente».

Por añadidura al tópico literario (la influencia que con esta temática ejercieron los *humoristi* italianos de los años treinta y cuarenta en el inventario codornicesco), dos componentes personales irrigarán principalmente *Los muertos no se tocan, nene*: los recuerdos infantiles de los ritos de la muerte, y la ciudad de Logroño. Entre los primeros, las salidas de la concatedral de La Redonda de los funerales «de clase» –acompañados de una *claque* de plañideras y pla-

---

37 Entre *El hombre que quería ser gángster* de Jean-Paul Lacroix e *Historia de una familia histérica* de Noel Clarasó.

38 Pie de imprenta del 25 de abril de 1956. Nuevas Gráficas, calle Andrés Mellado, 18.

39 N.° 579, 21/12/1952 y n.° 660, 11/07/1954, respectivamente.

ñideros–, las conducciones durante la Guerra Civil o el paso de las comitivas fúnebres por la calle donde vivía Azcona —avenida Pi y Margall, entonces, avenida de Navarra después de la guerra— camino del puente de Piedra que daba al cementerio —del que recuerda las cuartetas lapidarias de sus paredes—[40] y próximo a los garajes y despachos de las pompas fúnebres. Y, desde luego, el escenario logroñés. Aunque nunca se nombre en la novela el topónimo Logroño, eran fácilmente identificables algunos lugares referidos —estos sí— por su nombre: la Rúa Vieja donde vive Clara, el puente de Piedra frente al Hospital Provincial donde se despiden las comitivas funerarias, el Espolón por donde Fabianito pasea para ver a Esperancita, el río Ebro, su molino y, repetidamente —y me detengo en esta localización—, la ladera del monte Cantabria, «el cerro rojizo y moteado de viñas y olivos que servía de telón de fondo, aquel cerro al que tantas veces subiera siendo niño en busca de aire puro, piedras raras y sensaciones nuevas» [Azcona, 1956a: 29], un espacio esencial en la vida y muerte de Rafael Azcona, pues será ese cerro desde donde serían aventadas una parte de sus cenizas.

El Club de la Sonrisa, donde venía practicándose la solfa —más o menos amable, pero solfa— al matrimonio, la familia y las buenas costumbres, puso la venda antes que la herida en la solapa del libro, en previsión del rechazo que pudiera suscitar el velatorio de la historia:

Nada hay en este libro de macabro o repulsivo; su autor lo ha resuelto con un humor en el que se dan la mano y juegan al corro la ternura y la comicidad, la piedad y el sarcasmo, la ironía y la ingenuidad. Aparentemente contradictorio, esta novela es tan elemental como la vida misma; *Los muertos no se tocan, nene* es, en resumidas cuentas, no

---

40 Que incorporará en la reescritura de 1999. El personaje del presidente del Club Taurino leerá a la conclusión del entierro y de la novela una de las más atroces: «Contados son tus momentos, / mañana u hoy morirás. / ¿Que no avise, extrañarás? / no entiendo de cumplimientos».

una agria caricatura de una porción de humanidad, sino a la manera de uno de esos espejos de barraca de feria que, destacando nuestros defectos, pueden animarnos a adelgazar, a no mirar con ojos atravesados, y quién sabe si a cosas más importantes... Por ejemplo: a eliminar de nuestras preocupaciones esa afición inefable que, quien más quien menos, sentimos hacer el ridículo, por fastidiarnos a nosotros mismos y a nuestros prójimos con dimes, diretes, pitos y flautas.

Una pequeña reseña de la novela, aparecida sin firma en el *ABC* del 18 de mayo de 1956, la describía en parecidos términos:

La novela de Azcona no es ni agria ni macabra. El tema era delicado, pero el escritor ha sabido tratarla con mimo, sacando partido de las situaciones y extrayendo de cada momento el jugo de la más clara y limpia comicidad. Rafael Azcona ha escrito una novela que, como el casi olvidado género teatral, podríamos calificar de «tragicómica». Su estilo es pulcro y sencillo. Su prosa clara y directa. Sabe ver los tipos —los humanos que desfilan por el velatorio de don Fabián— y relatar las reacciones de sus deudos y de sus amigos. Pero sobre todas, la novela de Azcona tiene una virtud: es divertida.

Rafael Laffón le dispensó a *Los muertos no se tocan, nene* —a la vez que a los «Libros de vario humor» (sic), aludiendo al catálogo de El Club de la Sonrisa— una recepción con reservas en la edición andaluza de *ABC* del 25 de enero de 1957. Laffón comparaba el humor de los autores extranjeros —citando a Robert Lamoureux, Richard Conte y Randal Lemoine— con el de los españoles. Su balance era que mientras aquellos contemplaban la vida «con simpatía y benevolencia» a través de un humorismo «confortable y estimulante que ayuda a vivir», los españoles, sobre todo la «aguerrida promoción que, más o menos cohabita con los arrabales de *La Codorniz*», entroncaban con la «angulosa, amarga sátira española», con las novelas picarescas, por ejemplo, «igualmente duras de aristas», que «sonríen lúgubres al lector de hoy. Crueldad mental que a veces juega en la seca abstracción». *Los muertos no se tocan, nene* de Azcona vendría a colación:

La «casa mortuoria» y su mundo circunstancial son vistos por Azcona con visión de fiebre, en trances, a ratos para reír, a ratos para la náusea. La muerte sórdida y su ronda de pequeñas monstruosidades: rapacidad, trapacería, gula, lujuria y picaresca. Los tipos y caracteres, deformados y violentados por la caricatura, trascienden con toda su implacable observación. Eutrapelia de enlutado envés. O bien, dicho al contrario.

Los muertos no se tocan, nene obtuvo otro destacado artículo de recepción: el que le dedicara el novelista, dramaturgo, ensayista y articulista Eusebio García Luengo en la revista *Índice de las artes y las letras*, en julio de 1956 (n.° 91, pp. 19-20). García Luengo aprovechaba la ocasión para dar un repaso poco favorable a ciertos tics del humor en la última literatura humorística española, de la que El Club de la Sonrisa sería una proa que al crítico ya le resultaba de entrada, en su denominación, «una definición un poco pedante». Los problemas de nuestro humor según García Luengo eran: fórmulas tópicas (ridiculización de los mayores o «niños Juanitos»), automatismos, frases hechas, sonrisa estereotipada, paradójica solemnidad, un mecanicismo aburrido, previsible y amanerado del humorismo y «una angostura de actitud y de espíritu». En lo tocante a Azcona, aunque «se le noten trucos aprendidos del humorismo actual» y el título de la novela no le plazca, el crítico reconoce estar a favor: «La novela me ha gustado mucho. Ha sido para mí la confirmación de lo que ya barruntaba: que se trata de un magnífico escritor, con una soltura y una naturalidad extraordinarias», para concluir dedicándole un elogioso párrafo:

Me parece un escritor de visión muy personal, capaz de la seriedad cuando es menester, con un género de humor agridulce y trascendente, de gran categoría literaria. Jugando con los pronósticos, creo que Azcona evolucionará rápidamente [...] la novela de Azcona, a pesar de su aparente facilidad y de algunas casi chabacanerías, ofrece una riqueza de visión y una figura psicológica —sí, finura espiritual de honda clase—, anuncio de un escritor potente [...] escritor muy claro y de frase eficacísima.

Los muertos no se tocan, nene, por tema y tratamiento, no podía rivalizar en éxito editorial con *Vicente.* No obstante, Azcona, presentado siempre bajo la etiqueta de humorista, pudo dedicar ejemplares de la novela tanto en la librería que la editorial Aguilar tenía en Serrano 24 como en la Feria del Libro, junto a Tono, Mingote, Jorge Llopis y Juan Pablo Ortega. Pero la máxima satisfacción que le iba a proporcionar *Los muertos* estaba por llegar. Todo un «giro de guion». Entretanto, a los kioscos salía *Quinta avenida,* de nuevo un relato neoyorquino, centrado en la peripecia de un pianista en horas bajas que trabaja en un bar para ganarse la vida mientras intenta volver a entrar en contacto con el mundo de la música. Y, una vez más, la autorreferencia parece clara, pues en ese pianista de veintisiete años que ha emigrado desde la provincia (en este caso Lincoln, Nebraska) y lleva penando dos años por Nueva York buscando un empleo, con el forro de la ropa raído y abrigándose con el *New York Times,* se vuelve a evocar al Azcona que llega con lo puesto al Madrid de principios de los cincuenta.

Y en estas que Marco Ferreri vio en *Los muertos no se tocan, nene* una película. Y el resto es historia. Le propone a Azcona realizar un guion adaptado de su propia novela, aunque el logroñés no ha escrito nunca un guion y ni siquiera mantiene una relación cercana con el cine, más bien escéptica. Instruido por Ferreri —con quien congeniará en muchos aspectos— en los rudimentos de la escritura guionística, Azcona ocupa un tiempo en redactar —no consta en qué grado de desarrollo— un tratamiento de guion, mientras el milanés pretende a Luis García-Berlanga para que dirija la película; algo que Berlanga —que se encuentra rodando en ese momento *Los jueves, milagro* (1957)— declina. Sin embargo, ante el rechazo rotundo de la censura, el proyecto de convertir *Los muertos* en una película se aborta, siendo sustituido por la adaptación de la siguiente novela de Azcona, *El pisito*.

La misma mano de Ferreri que le ingresa en el cine conducirá a Rafael Azcona a Italia en 1961, destino que le cambiará la vida y elevará sus estándares profesionales a un rango internacional no alcanzado hasta entonces por un guionista cinematográfico español. Y así, siete años más tarde y en Italia, *Los muertos no se tocan, nene* disfrutará de una segunda vida que vendrá a suponer un extraordinario reconocimiento de sus cualidades literarias y de su consideración —por derecho— como miembro de la generación literaria española de los cincuenta. Tanto en la narrativa como en la lírica, habría que añadir. En 1963, Azcona ya es prácticamente un «*sceneggiatore* italiano», como mínimo de adopción: figura en los créditos del episodio «*Gli adulteri*» de la colectiva *Le italiane e l'amore* (1961) y de los largos *Una storia moderna: l'ape regina* (Ferreri, 1963), *La donna scimmia* (Ferreri, 1963) y *Mafioso* (Alberto Latuada, 1962).[41] Será entonces cuando la muy prestigiosa editorial Longanesi & C. publicará como número 217 de su colección La Gaja Scienza *il romanzo* de Rafael Azcona *I morti non si toccano*, en traducción confiada a Arrigo Repetto. Para hacerse una idea de la importancia de verse publicado entonces en este sello editorial y *collezione*, dedicada a la *Letteratura amena universal*, téngase en cuenta que en su nómina de autores se encontraban —entre otros— Franz Kafka, Henry Miller, John Updike, Georges Bernanos, François Mauriac, Alejo Carpentier o José María Gironella, cuyos *Cipressi credono in Dio* habían sido publicados en dos tomos en 1959.

El escritor y periodista (redactor jefe del periódico socialista *Avanti*) Arrigo Repetto era un espléndido conocedor de la literatura hispano-portuguesa. Baste citar —en lo que respecta a la española—

---

41 Además de las realizadas en España por Berlanga: el episodio «La muerte y el leñador» de la colectiva *Las cuatro verdades* (1962) y *El verdugo* (1963), coproducidas con Italia.

sus traducciones al italiano de algunas obras imprescindibles de la poesía y de la narrativa de la generación de los cincuenta: *Nuevas amistades* de García Hortelano (para Lerici, Milán, 1960), el poemario de Jesús López Pacheco *Pongo la mano sobre España* (Roma, Rapporti Europei, 1961), la poesía de León Felipe (Milán, Lerici, 1963) y —una de las mayores contribuciones de Repetto, sin duda— varios relatos de Jesús Fernández Santos, Juan Goytisolo, Carmen Martín Gaite, Jesús López Pacheco y Luis Goytisolo en el volumen *Narratori spagnoli: La nueva ola* (Milán, Bompiani, 1962), con un prólogo de José María Castellet. Traduzco un fragmento del texto de presentación de la solapa de *I morti non si toccano*:

Rafael Azcona podría parecer un escritor humorista. Pero no es así. La apariencia es el *humor negro*, pero la sustancia es la secular, grotesca, barroca y católica desesperación española, la que nace con Cervantes, continúa en la picaresca y eclosiona con Goya y con Buñuel. Más allá de la negación anárquica, del puro y loco divertimento, se encuentra la comprensiva contemplación de la humanidad: el arco humano que va desde el nacimiento hasta la muerte. *Los muertos no se tocan, nene* transcurre con una infinita amargura y comprende la totalidad: desde la irreverencia a la auténtica poesía.

Mucho más tarde, en 2011, José Luis García Sánchez dirigirá una adaptación cinematográfica de *Los muertos no se tocan, nene*, guionizada por él mismo, David Trueba y Bernardo Sánchez a partir de la revisión que Azcona realizó del original en 1999, que se incluyó como pieza de apertura en el trío de reescrituras que fue *Estrafalario/1* y que es la que se recoge, por supuesto, en el presente volumen.[42] El volumen *Estrafalario/1* nació de una propuesta de publicación de su narrativa realizada a Rafael Azcona por Juan Cruz cuando era director de la Editorial Alfaguara. La condición que puso Azcona fue la reescritura, pues consideraba que aquellas

---

42 En el libro *¡Esta no la hacemos, José Luis! Rodando* Los muertos no se tocan, nene *(1956-2011)* (2011) relato la historia del origen, desarrollo y rodaje de esta película.

novelas suyas de los años cincuenta habían sido escritas en un estado de autocensura: «Las reescribió con ahínco y profesionalidad, siempre despotricando contra mí por hacerle creer a la gente que estábamos ante la resurrección de un genio literario».[43]

---

43 Juan Cruz, «No, si yo ya me fui de Logroño», *El País*, 25/03/2008. Extracto del libro de Juan Cruz *Toda la vida preguntando*.

El pisito

Novela de amor e inquilinato

(1957 y 1999)

UNA BASE REAL, UNA OBRA DE POESÍA

Rafael Azcona refería siempre como génesis de *El pisito* un caso real que había conocido por la prensa: «Leí que en Barcelona un señor de treinta años se había casado con una señora de ochenta años para quedarse con el piso», le contaba a Del Arco para su sección «Mano a Mano» de *La Vanguardia* en 1958, con motivo del premio de la Prensa Internacional que acababa de obtener la película homónima en el Festival de Locarno. Cuatro años más tarde, le reiteró esta versión a Juan Cobos en una entrevista que acompañaba la edición del guion en la revista *Temas de Cine*: «Encontré en la prensa una noticia: en Barcelona, un hombre joven se había casado con una octogenaria agonizante para, al quedarse viudo, heredar el derecho a seguir viviendo en el piso de renta antigua que la vieja ocupaba».[44] Incluso la solapa de la edición de la novela declaraba el origen real de lo fabulado frente a quien pudiera parecerle inverosímil: «Hace algún tiempo, la prensa dio una noticia tremenda: en Barcelona, un hombre en la flor de la edad se había casado por el interés con una octogenaria. El interés, el pequeñito

---

44 «Entrevista con Rafael Azcona» [Azcona y Ferreri, 1962: 4].

y aparentemente ridículo interés, era quedarse, a la muerte de la anciana, con el pisito de renta antigua».

La noticia, que he localizado en *La Vanguardia* del 3 de marzo de 1956, en el apartado de Justicia y Tribunales, se titulaba «Matrimonio *in articulo mortis*» y decía así:

> Con ocasión del matrimonio celebrado *in articulo mortis* entre una inquilina de 97 años y su realquilado de 30, que tantos comentarios ha motivado en Barcelona, se ha discutido en la curia el problema de la sucesión en el arriendo de la vivienda que a favor del cónyuge sobreviviente puede crear esta clase de matrimonio dado que el artículo 17 de la Ley de Arrendamientos Urbanos exige para ello la «convivencia», aunque sin señalar plazo para la misma. La pequeña jurisprudencia de los juzgados barceloneses es contradictoria en tan interesante materia. El del número 2 estima que no puede producirse la sucesión arrendaticia porque precisamente la circunstancia de haberse celebrado la boda en trance de muerte, producida pocos días

después, demuestra que no se cumplió aquel requisito de la convivencia conyugal. Por el contrario, el Juzgado número 16 estimó, en un caso análogo, que al no exigirse plazo de convivencia, la misma celebración de la ceremonia demuestra que la hubo, dado que propiamente es intrascendente que tuviera lugar unos días antes que unos años. La curia comenta el ingenio y a veces el dramatismo de las situaciones que deben crearse para asegurar la continuidad en el piso.

La primera edición de *El pisito*, subtitulada *Novela de amor e inquilinato*, apareció —como *Vicente* y *Los muertos*— en El Club de la Sonrisa de Taurus, n.° 36, en junio de 1957, y nuevamente con portada de Mingote. Tras su punto final, consta escrita entre Madrid y Almuñécar durante los meses de febrero y marzo de ese año. En la «Postal de Almuñécar» que Azcona publicaría el 19 de julio de 1959 en el diario *Arriba* relataba —aunque sin asociarlo expresamente— la que debió ser la segunda fase del proceso de redacción de *El pisito*: «En Madrid hacía frío, yo tenía tres mil pesetas, y Chumy Chúmez —que además de irse de vez en cuando a Estocolmo y a sitios así, también se patea España apenas tiene ocasión—, me recomendó que me fuera a Almuñécar a gastarme aquel dinero» [Azcona, 2018: 150]. Por lo visto, Azcona había iniciado la escritura de la novela en Madrid, pero se atascó y Chumy, colega en *La Codorniz* y en El Club, le recomendó retirarse —para despejar el bloqueo— a un hotel en primera línea de playa de Almuñécar que él ya conocía, concretamente el Hotel Sexi, así llamado en referencia a la colonia de Sexi, fundada por los pobladores fenicios. Con el objetivo de continuar la escritura, Azcona se impuso una disciplina diaria: escribía por las mañanas; por las tardes se subía al cementerio, desde donde se dominaba una magnífica vista del mar, y allí se pasaba horas simplemente mirando, y por las noches se bajaba al bar del hotel. Al cabo de un mes, abandonaba la localidad granadina con *El pisito* a punto [Sánchez Salas, 2006: 316].

Pero previamente a su publicación en Taurus, la historia de Rodolfo, Petrita y doña Martina tuvo que pasar censura. Los doctores en Comunicación de la Universidad Complutense de Madrid Luis Deltell Escolar y Juan Carlos Alfeo [2023] localizaron en el Archivo General de la Administración (AGA), en el curso de una investigación sobre la censura literaria, el expediente que lo certifica. Y detallan el trámite: fue Miguel Sánchez López quien presentó la novela a lectura del comité censor en marzo de 1957, por tanto, al poco de regresar Azcona de Almuñécar con el manuscrito. La previsión de tirada era de 4.000 ejemplares. El 6 de abril de 1957 dicho comité emite un informe que autoriza su publicación sin imponer el menor cambio, pues las situaciones que presentaba el texto, a pesar de su «crudeza» y del respaldo del hecho real, se consideraron «tragicómicas» e «intrascendentes» (sic). La propia solapa de la edición parecía prolongar en su descripción el tono ácido de la novela, así como certificar el progresivo alejamiento de Azcona del humorismo del sonriente club.

> Tan triste y espeluznante boda de conveniencia dio a Azcona la idea de escribir una novela en torno a la calamitosa situación en que se encuentran en nuestro tiempo los hombres y mujeres que no pueden casarse por no encontrar un sitio en el cual hacer esas cosas que se hacen en el matrimonio: engordar, sufrir por el precio de la pescadilla, tener nenes y aburrirse a horrores.
> Está *El pisito*, «novela de amor e inquilinato», como la subtitula su autor, entre el cuadro de costumbres y la tragedia —no por cómica menos impresionante—, y en ella nos ofrece Rafael Azcona nuevas y más maduras muestras de su agudo espíritu de observación, incisivo sentido crítico y afilado humor.

Sin embargo, Azcona no era tan apreciativo con esta evolución y seguía acusando la servidumbre de la comicidad: «*El pisito* novela tiene, entre otros muchos defectos, el de haber sido escrito con una exagerada pretensión de hacer reír, defecto común de mis primeros libros», le confesaría a Juan Cobos [Azcona y Ferreri, 1962: 4]. Y en el verano de 1997, entrevistado por Serge Toubiana para *Cahiers du Cinéma* a propósito del fallecimiento en mayo de

Ferreri y en vías de reescribir sus novelas, reconoció sentir vergüenza al releer *El pisito* original [Toubiana, 1997: 24].

A la altura de 1957, el cine ya ronda insistentemente al escritor y, tras el episodio malogrado de adaptar para la pantalla *Los
muertos no se tocan, nene,* será la *Novela de amor e inquilinato* la
que se postule como opción factible. Incluso *La hora del corazón,* la
cuarta de O'Relly, que salió a los kioscos en el mes de julio de 1957,
se abría con un prólogo de su narrador, que resultaba ser ya ¡un
guionista! de cine norteamericano: Jack, testigo del engaño que el
actor Roy Carter —que ha viajado hasta España para rodar una co-
producción— le hace padecer a Carmen, oficiala de trajes de moda
y soñadora (por causa del cine, precisamente) en unas Galerías
de Madrid. Marco Ferreri leyó *El pisito* «por casualidad, por puro
entretenimiento», según respondió en una entrevista en octubre
de 1958, tras un preestreno de la película en el cine Avenida de
Logroño,[45] meses antes de su estreno en Madrid. Una respuesta
simplista que el milanés ampliaría[46] más tarde en el número de
Temas de Cine en el que se publicaba el guion:

> Me gustó por el tono, porque era un asunto verdadero, un asunto
> bien llevado. Puede ser también porque yo estaba bastante influido
> por el neorrealismo italiano, pero veía en *El pisito* una superación
> del primer periodo neorrealista: un neorrealismo más moderno,
> más actual en aquel momento [...] En el mismo momento que leí *El
> pisito* me gustó [...] Veía en *El pisito* y en *Los muertos...* una base real,
> una obra de poesía [Azcona y Ferreri, 1962: 7].

Respecto al periodo neorrealista «moderno», Ferreri podría
muy bien estar pensando en *El techo (Il Tetto),* de 1956, dirigida

---

45 (s. a.) «Celia Conde, Marco Ferreri y Rafael Azcona nos hablan de *El pisito*» (*Nueva
    Rioja,* 01/10/1958). *El pisito* no se estrenaría en Madrid hasta junio de 1959, en el
    cine Roxy B.

46 En entrevista con José Antonio Pruneda, Juan Cobos y Gonzalo Sebastián de Erice.

por Vittorio De Sica, que coincidía con *El pisito* en la temática de la acuciante búsqueda de vivienda por matrimonios jóvenes (Luisa y Natale, en *El techo*) o por novios eternos (Petrita y Rodolfo, en *El pisito*), muy apurados económicamente.

El pisito se convertiría en el primer guion cinematográfico escrito por Azcona, en colaboración con Marco Ferreri, y posteriormente en la película del mismo título, dirigida por el milanés. Isidoro Martínez Ferry —que sería su productor, a través de Documento Films— recordaría[47] cómo fue su confianza en el guion lo que le movió a levantar la película y cómo la colaboración de Azcona, a pie de rodaje, fue clave:

> La realidad es que a mí me gustaba el cine. Y por eso Marco Ferreri me enseñó el guion que, en principio, cuando fui a las distribuidoras a ofrecérselo, a nadie le hizo gracia ni a nadie le interesó. Pero como a mí sí y tenía el dinero para poder gastarlo en ese momento, quise darme el capricho [...] También Azcona estaba detrás de nosotros siempre, en un plano lejano [...] Fue una película que hicimos Marco Ferreri y yo ayudados por Azcona [...] el guion era el mejor que yo conocía, y hasta ahora no he visto otro igual, incluyendo los últimos de Azcona y Berlanga [Ibídem: 13-14].

Martínez Ferry se refería a los guiones participados entre ambos del mediometraje *Se vende un tranvía* (Juan Estelrich, 1959) —película prácticamente desconocida hasta los años ochenta, por diversas razones— y de *Plácido* (1961). A todo esto, *El pisito* pudo haber sido dirigida por Berlanga, a quien le había impresionado mucho *Il Tetto*, proyectada para el alumnado en el Instituto de Investigaciones y Experiencias Cinematográficas en 1956. Así rememoraba Berlanga[48] su contacto fallido con *El pisito*:

---

47 En la entrevista citada con Juan Cobos en *Temas de Cine*.

48 En su artículo «*Plácido* y yo», publicado en *Temas de Cine*, 14/15 (pp. 11-18).

Recuerdo que fue cuando me contrataron [Enrique] Llovet, Mizrah y [Michel] Kelber. Este último me dijo que había una novela que le interesaba y de la que creía que se podía sacar una buena película. La novela se llamaba *El pisito*. Yo no la había leído, y cuando lo hice —me la dio Kelber— dije inmediatamente que sí, que me gustaba mucho y que desde luego estaba dispuesto a hacer esa película. Entonces buscamos a Azcona, hablé con él y me explicó que la película la iba a hacer Ferreri.

Finalmente, la solicitud de permiso de rodaje de *El pisito* se realizó el 2 de diciembre de 1957, y en febrero de 1958 se inició su rodaje,[49] lo que supondría el ingreso de Rafael Azcona en el cine y en la práctica del guion cinematográfico como una nueva forma —y disciplina— de narración. Coincidiendo con este intervalo de fechas, Azcona ya habrá escrito —y estará cerca de publicar— *Los ilusos*.

El pisito sería una de las novelas reelaboradas por Azcona en 1999, pieza central de *Estrafalario/1*. Esta reescritura, considerada definitiva, fue de la que se partió para realizar la versión teatral de *El pisito* en 2009, en adaptación de Bernardo Sánchez y Juanjo Seoane, dirigida por el cineasta Pedro Olea.[50] Y la que se reproduce en esta ocasión.

---

49 Según Azcona, fue en el día a día del rodaje, en las localizaciones y en el estudio, cuando realmente fue escribiendo el guion, sobre la marcha, ya que no había dinero para encargarle y pagarle formalmente la escritura de uno completo. De hecho, cobraba a la semana [Toubiana, 1997: 23].

50 Olea había dirigido —con gran éxito de crítica y público— dos películas con guion firmado por Azcona y por él: *Pim, pam, pum... ¡fuego!* (1975) y *Un hombre llamado Flor de Otoño* (1978).

Memorias de un señor bajito

(mediados años cincuenta y 2007)

LA METAMORFOSIS

En su época codornicesca le preguntaron a Rafael Azcona qué era para él el humorismo, y respondió: «un señor bajito y feo contemplándose en un espejo deformante» [Aguilar, 1955]. Y en la misma entrevista ya anunciaba estar trabajando en las memorias de ese señor bajito, aunque no se pueda datar con exactitud su fecha final de publicación por no constar esta en el ejemplar, como tampoco su depósito legal. Sucede lo mismo con todos los libros de la Enciclopedia Pulga, al menos los que yo he podido inspeccionar buscando fechas aproximativas entre sus números. Pablo Martínez Zarracina [2007] data el libro en 1960,[51] cuando «el escritor y editor barcelonés Mario Lacruz agrupó todos los textos [procedentes de *La Codorniz*] en un volumen». Pero no hay forma de comprobarlo. Solo podemos acotar ligeramente su aparición teniendo en cuenta algunas fechas de contexto: los quinientos ejemplares de la Pulga se publicaron entre mediados y finales de los años cincuenta; «El hombre que venía a hacer la risa» —una de las historias que Azcona remeda en estas memorias— provenía de *Cuando el toro se llama*

---

51 Cabezón [1997: 537] también lo fecha en 1960.

Felipe, de 1956, y el artículo que alude al protagonista, «Señor baji-to», apareció en el n.° 802 de *La Codorniz*, del 31 de marzo de 1957. Por lo que una horquilla temporal probable de publicación del libro podría acercarlo a 1957. El resto del material que reconocemos en él —reformado o rehilado— es anterior, como veremos.

Nos encontramos con otro caso peculiar de edición de un libro de Azcona, por añadidura a la publicación en Tetuán del *Toro Felipe*, en Milán de la traducción de *Los muertos no se tocan, nene* y al falso pie editorial de *Los europeos* en París. Efectivamente, Mario Lacruz era a mediados de los cincuenta director de la barcelonesa Ediciones G. P., propiedad de Germán Plaza. La colección más popular de G. P. era la conocida como Enciclopedia Pulga, por su tamaño —10,5 cm x 7,5 cm— y por materializar el *adagio* «el saber no ocupa lugar», glosado en su interior: «Nunca se ha logrado una labor tan eficaz como la que realiza la Enciclopedia Pulga para poner la cultura al alcance popular. Millares de españoles alejados de los libros gustarán de este placer espiritual. Nunca tomos tan pequeños han causado una sensación tan grande». La Enciclopedia Pulga ofrecía, además, dos subcolecciones complementarias: la Pulga Ilustrada y la Pulga Gigante. El catálogo de la Pulga ordinaria, a su vez, se clasificaba en El Personaje, Las Musas, El Mundo, La Inteligencia, El Espíritu y La Ficción. En este último subapartado —que abarcaba la literatura general, las leyendas y el humor— se recogieron las *Memorias de un señor bajito*, con el número 275 de la colección, noventa y seis páginas y al precio (pulga) de 2,50 pesetas en España y 0,8 dólares para «demás países». La ilustración de portada —que mostraba a un hombrecito libando, cual abeja, en una flor— era de (Alejandro) Coll. La editorial G. P. sacaría otra colección[52] específicamente dedi-

---

52 En ella se publicaron libros de Jardiel Poncela, Tono, Giovanni Mosca, P. D. Wo-dehouse, Achille Campanile, Noel Clarasó, Jorge Llopis, Jerome K. Jerome ¡o Bob Hope!, entre otros.

cada a los libros de humor bajo el sello El Gorrión que le publicaría a Azcona una edición de *Vida del repelente niño Vicente* en 1959.[53]

Memorias de un señor bajito es el ejemplo por excelencia del periodo *codornicista* de Azcona del que habla Santiago Aguilar [2014: 42]. El tomo consistía en rentabilizar algunas de las fábulas publicadas anteriormente en *La Codorniz* articulándolas en torno a un personaje; mejor dicho: articular *de facto* el personaje mediante la sutura de episodios que —adheridos a dicho personaje— se validarían como episodios biográficos suyos. Es decir: dar un segundo uso a textos de *La Codorniz* cohesionándolos en el contenedor de una figura única. Una vez más, como sucedía con el *Toro Felipe*, el experimento no estaba exento de cierta complejidad en lo narrativo y en la caracterización del protagonista. Las entregas de *La Codorniz* que en el *Señor bajito* pueden localizarse recicladas o sujetas a remodelación parcial son las siguientes, por orden de publicación entre 1952 y 1954: «El inspector de tontos», «El señor que parecía una abeja», «El asno y la motocicleta», «El díscolo y el estudioso», «Otoño y domingo por la tarde», «La protectora de elefantes», «¿Quiere llegar usted a centenario?» y «Un cocodrilo en el café».[54] A estos habría que añadir «El hombre que venía a hacer la risa», que se incluía en el apéndice cuentístico del *Toro Felipe* (1956).

Memorias de un señor bajito, como representaba la portada de Coll, tenía como emblema central un motivo claramente kafkiano: la metamorfosis de un hombre en un insecto, en un insecto himenóptero concretamente: en una abeja. Azcona descubrió a Kafka y a Gregorio Samsa —con quien empatizó inmediatamente— al

---

53 Solo el que G. P. decidiera publicar otro Azcona tras este *Vicente* de 1959 acercaría el *Señor bajito* a 1960. Pero el n.º 275 lo sigue situando prácticamente en el medio de la colección y por lo tanto antes.

54 N.º 571, 26/10/1952; n.º 590, 08/03/1953; n.º 603, 07/06/1953; n.º 611, 02/08/1953 (estas dos últimas, extraídas de la sección «Nuestras edificantes fábulas»); n.º 625, 08/11/1953; n.º 638, 07/02/1954; n.º 670, 19/09/1954 y n.º 677, 07/11/1954, respectivamente.

llegar a Madrid y visitar los domingos la biblioteca de su amigo y mentor Antonio Mingote, que le dio a leer las obras del escritor austrohúngaro. A partir de ese momento, *El castillo* y *La metamorfosis* se convertirían en dos libros, en dos temas —nucleados sobre el laberinto social y la falta de libertad del individuo— que Azcona diseminaría a lo largo de su producción literaria y cinematográfica; asunto que excede explorar en esta introducción. Sin salirnos de la literatura, en sus colaboraciones en *La Codorniz*, desde 1952 a 1957, se encuentran asuntos de reducción al insecto como «Avispas», «La mosca y el sopicaldo», «¿Sabe usted matar una mosca?», «¿Por qué nos pican los microbios?», «Fábula para las abejas» o «Advertencia a los insectos».[55] Añádase el capítulo xv del *Niño Vicente* «La vituperable vida de las moscas».[56] Y en *Pueblo*: «Meditación en torno a la muerte de la mosca» y «Mi mosca».[57]

El valor del *Señor bajito* se acrecienta por cuanto, siendo una miniatura (peso Pulga), abarca toda una reflexión sobre la subversión que supone el humor y «hacer la risa». Y en esa catástrofe desembocará la fábula. Estas memorias del logroñés Julio Fernández, escritas desde el manicomio en el que ha sido recluido tras ser detenido en el banco (y como en el *Toro Felipe*, el narrador relata desde la distancia temporal y el fracaso) presentan, además, de nuevo, un tono autorreferencial claro. El nacimiento del protagonista en Logroño en octubre de 1920 (Azcona nació el 24 de octubre de 1926) o la descripción de su llegada Madrid no dejan lugar a dudas respecto a que el señor bajito tenía rasgos de su autor:

> Una mañana preciosa entré en Madrid. Venía bien comido y no demasiado mal vestido para lo que yo pretendía hacer... Existencia-

---

55 N.° 578, 14/12/1952; n.° 606, 28/06/1953; n.° 611, 02/08/1953; n.° 653, 23/05/1954; n.° 801, 24/03/1957 y n.° 821, 11/08/1957, respectivamente.

56 Que Azcona no incluiría la reescritura para Aguilar de 2005.

57 20/11/1954 y 29/01/1955, respectivamente.

lismo. Un colega me dijo en el calabozo de Miranda de Ebro[58] que se podía explotar bastante bien lo del existencialismo a la hora de dar explicaciones sobre el harapo, sobre la mugre y sobre la barba. Yo, al llegar a Madrid, era un existencialista tremendo. Pensé en orientarme hacia la pintura, pero comprendí que era más barata la literatura... El pintor ha de pintar y para hacerlo ha de comprar telas y colores: el literato con hurtar en un W. C. un rollo de papel y pedir prestado un lápiz así de pequeñito, tiene bastante... Hurté mi rollo y obtuve mi lápiz. Durante muchos días no escribí: tenía demasiada hambre para perder el tiempo en tonterías.[59]

Rafael Azcona reescribió en 2007 *Memorias de un señor baji-to* para la editorial logroñesa Pepitas de Calabaza reordenándolas por completo y añadiendo una coda final tajante. Un cierre absoluto: «La felicidad. —Y eso, ¿qué es?». La nueva versión —que es la que aquí se reproduce— tuvo muy buena acogida. Zarracina [2007] hablaba de un Kafka castizo y decía que «Los límites del realismo son superados en numerosas ocasiones, logrando que el disparate compense el efecto de la sátira hasta componer un concentrado cómico que nos hace pensar en el Valle-Inclán más bufo, en los sainetes o en humoristas ingleses como Wodehouse o Jerome K. Jerome». Félix Romeo [2007] definía a Juliano (que no Julio) Fernández como un Samsa provincial y calificaba la novela de «divertimento burlesco y crítico sobre una época en la que era imposible escribir con libertad, y había que buscarla. Azcona la encontró en la risa». Y Juan Cruz [2007] la describió como «una primorosa muestra en humor surrealista que entonces se entroncaba con la escritura de sus mayores, Mihura, Tono, y que pasando el

---

58 Julio Fernández había trabajado como Inspector de Tontos de Pueblo y un día, a causa de una minucia —un error, se supone— que tanto daño le hizo que no quiere ni explicar, cambió su vida. Cabe deducir que la minucia le envió al calabozo. En Miranda de Ebro es detenido y bajado a su calabozo Juan Serrano, el protagonista de *Nubes y barro* al estar reclamado por la Comisaría de Logroño por intento de fuga.

59 [Azcona, circa mediados de los cincuenta: 71].

tiempo, entronca también con el humor que subyace en ese rostro de Buster Keaton[60] que hay en Beckett o en Ionesco».

Publicadas las nuevas *Memorias de un señor bajito* en un volumen igualmente pulga de Pepitas, en septiembre de 2007, van ya por su tercera edición.

---

60 Y cuánto recuerdan, por cierto, a la relación de Keaton y su vaca —no menos beckettiana— en *El rey de los cowboys* (*Go West*, 1925), artículos vacunos de Azcona en *La Codorniz* como «El tambor y la vaca» (1952), «La vaca» (1952) o «Advertencia a las vacas» (1957). Azcona, siendo de Chaplin, era un gran admirador de Keaton.

Los ilusos

(1958 y 2008)

¡Adiós a la bohemia!

Rafael Azcona escribió *Los ilusos* entre los meses de noviembre y diciembre de 1957, en Madrid, según se data tras su último párrafo. Y se acabó de imprimir el 25 de abril de 1958 para formar parte de la colección La Tortuga de Ediciones Arión, ilustrado en portada y páginas interiores por Antonio Mingote. *Los ilusos* sería el primero de los tres libros que le publicaría a Azcona el editor antifranquista, intelectual, escritor y político Fernando Baeza Martos (1920-2020), quien compartía con el logroñés, además, la pasión por Pío Baroja.[61] Arión —nombre griego que significa *fortaleza* y *valentía*— distribuyó su catálogo en varias colecciones de materias diversas: Espejo y Flor (novela), La realidad y el Sueño (prosas selectas), Bululú (teatro), Hombre y Mundo (ensayo) o La Tortuga (humor). En esta última, que alojaría *Los ilusos*, también se publicarían *Humor de contrabando*, de Chumy Chúmez y Miguel de Salabert[62] y *Operación C-1*, de Enrique Llovet. No obstante, la inclusión de *Los ilusos* en

---

61   Baeza sería el autor de los tres volúmenes de *Baroja y su mundo*, publicado por Arión en 1962, en la Colección «Hombre y Mundo».

62   Figura importante del antifranquismo, escritor y traductor. Autoexiliado en Francia, fue quien acuñó el término *exilio interior*.

una colección etiquetada como humorística sería matizada, ya de entrada, en la solapa de la edición, en la que, además, se apuntaban otras conexiones literarias, como la picaresca y el realismo:

> Azcona parece haber abandonado el comodín del chiste y del disparate y orientarse hacia una realidad sensible donde la situación, además de divertirnos, nos lleva a la reflexión y el entendimiento —no siempre y forzosamente risueños—. Libro este que ciertos críticos habrán de considerar, sin duda, como ajeno a las normas usuales del actual género de humor, nos sorprenderá —y esto es lo importante— tanto por su gracejo como por su verismo, de la misma manera que aquellas obras de nuestra picaresca clásica que están en la memoria de todos. Y cabe agregar a lo antedicho una profunda ternura por los seres y las cosas que habrá de recordarnos el realismo de Galdós.

Los ilusos tuvo una recepción crítica notable —mayor que la dedicada a los anteriores libros de Azcona— que la definiría en términos análogos. Melchor Fernández Almagro —real académico por doble partida: de la Literatura y de la Historia— tituló su extensa reseña en *La Vanguardia* (30/09/1958) «De la literatura de humor a la novela», y en ella confirmaba el cambio de agujas de Azcona a otra senda narrativa, ya apuntada con *El pisito*:

> He aquí un ejemplo de humorista que, sin dejar de serlo, ha dado un paso decisivo hacia la novela sin dislocación de ninguna especie, novela humana y real: Rafael Azcona en *Los ilusos*. El anticipo de esta nueva actitud de Rafael Azcona lo hallamos en su anterior novela *El pisito*. El humorismo que diese a conocer el creador de *El repelente niño Vicente* ha quedado atrás en la carrera literaria de Rafael Azcona, pero sin que por eso pueda y deba perderse de vista. Ha sido absorbido por el escritor, enriquecido, transfigurado, y hace acto de presencia en *Los ilusos*, solo que tan decisivo elemento se supedita a una más amplia concepción del tema [...] Eso que espera Paco Durán viene después, en efecto, y no es otra cosa que una amarga novela picaresca —si damos a este calificativo un valor simplemente alusivo a la filiación histórica—. La ilusa y desdichada, ridícula y en definitiva muy humana, auténtica y pobre gente que Rafael Azcona moviliza viene de muy atrás: de *El buscón*,[63] por ejemplo, solo que la escenografía y la indumentaria tienen que ser, y lo son, harto distintas [...] En *Los ilusos* nos traspasa la emoción, melancólica y amarga, que adquirió formas magistrales en las poemáticas escenas o cuento dialogado de Pío Baroja *¡Adiós a la bohemia!*[64] Pero esa emoción en la novela de Rafael Azcona se acentúa, se agrava, porque su realidad y verosimilitud adquieren una manifestación grotesca [...] Evidentemente, el humor necesita para inspirar novelas saturarse de esencias dramáticas.

María Alfaro, en su reseña de *Los ilusos* para *Ínsula* (n.° 142, 15 de septiembre de 1958, p. 6), abundaba en el equilibrio entre realismo y humor y planteaba algunas cuestiones estilísticas:

---

63 *Historia de la vida del Buscón, llamado Pablos; ejemplo de vagamundos y espejo de tacaños* (1626), novela picaresca de Francisco de Quevedo.

64 Y «ópera chica» de Pablo Sorozábal y Baroja, estrenada en 1933.

En realidad no es tampoco humorismo puro lo que hace Rafael Azcona. A un relato de contexto realista añade una prudente cantidad de ironía, sin que el resultante de esta mezcla llegue a franca comicidad. Acaso el arte del escritor humorista consiste en mirar lo grande desde lo pequeño y viceversa. Rafael Azcona posee, además, una gran sutileza psicológica que va unida a la claridad y al orden de la exposición de su tema novelístico. Sin duda, para el autor de *Los ilusos* no existe lo grotesco puro, sino una extensa gama de ironía en que se fusiona lo grotesco con la miseria y el patetismo.

Alfaro aprovechará también para ponderar las «magníficas y sugerentes» ilustraciones de Mingote y destacar que «tipográficamente es producto de esa delicadeza estética que en sus ediciones pone Fernando Baeza y que deberían tener en cuenta otros editores».

En la sección de recensiones de obras que el escritor, periodista y crítico literario Pablo Corbalán tenía en la revista *Sábado Gráfico* —«Pablo Corbalán ha leído para usted»— (n.° 121, 24 de enero de 1959, p. 12), le dedicó una entrega a *Los ilusos*, precedida por una entradilla titulada «Humor negro»:

> *Los ilusos* muestra una caricatura de eso que se llama vida literaria: la vida de los bohemios de café sin café y sin consumición alguna. El autor ha acumulado en ella anécdotas y situaciones del más actual humor negro. Pobres diablos, ilusionados por la poesía y la literatura, van hundiéndose, poco a poco, en la miseria. Pero en esta caída les salva siempre la alegría. Sí, hay una extraña y desagarrada alegría en ellos. La novela significa, en este aspecto, un agudo análisis satírico de la mendicidad literaria. Y está bien escrita y se lee con facilidad. Rafael Azcona ha dibujado tipos muy bien definidos y ambientes finamente observados. Rafael Azcona tiene treinta y un años, lleva publicados cuatro libros. Asegura que escribe para ganar dinero y dedicarse al cultivo de verduras y legumbres.

Las esencias dramáticas a las que se refería Fernández Almagro sustentaban, de hecho, *Los ilusos*, que era una crónica fabulada pero a la vez fidedigna de las vivencias de Azcona tras su llegada a Madrid en septiembre de 1951, con veinticuatro años y sin más dinero en el bolsillo que el logrado por la venta de su biblioteca logroñesa, para buscarse barojianamente la vida en la capital; vida que transcurriría durante los primeros años entre oficios menesterosos (una carbonería o una recepción en un edificio de apartamentos), alojamiento en pensiones y la «ilusión» de culminar en la «bohemia negra» madrileña —que diría su querido Silvestre Paradox— y sus afanes literarios, ya manifestados en la provincia. Y, sobre todo, vivir de ello. En todos los sentidos.

No fue el único, empezando por sus compañeros de fratria literaria en Logroño, los amigos Marcos Martínez y José María Cañas, de los que —junto a él mismo— los personajes de *Los ilusos* —Paco, Mateito y Fermín— resuenan como contrafiguras en mayor o menor medida. Martínez colaboraría con varias publicaciones, el diario *Pueblo* entre ellas; luego su pista nos conducirá hasta Buenos Aires, ciudad en la que residió desarrollando una carrera como autor teatral y articulista en revistas de pico codornicesco como *Tía Vicenta*, además de ser un habitual en algunas tertulias literario-gastronómicas como la de la Taberna Baska de la calle Chile. En cuanto a Cañas, después de escribir en publicaciones literarias logroñesas como *Rioja Industrial* y *Codal*[65] —en las que también colaboró Azcona—, ejercería una muy prolífica actividad literaria en Barcelona,[66] principalmente como traductor y autor (bajo seudónimo en ocasiones, como Azcona con Jack O'Relly y como también el Fermín de *Los ilusos*) de novelas del Oeste y de aventuras, sobre todo en la década de los sesenta.[67] Decenas de ellas para editoriales como Toray, Cenit o G. P., pero realizaría también para Luis de Caralt[68] la traducción de

---

65 «Entre puente y puente» (*Rioja Industrial*, 1948); «La muerte de los gatos» (*Codal*, n.° 18, 1953) y «Cita en el Café» (*Codal*, n.° 21, 1954).

66 Aunque también había residido en Londres, París e Italia.

67 Y más adelante, novela erótica.

68 Y otras para Martínez Roca, Plaza & Janés o Círculo de Lectores.

Little Caesar (1929) de W. R. Burnett (*Los césares también mueren*) en 1955, o la de *Tanguy* de Michel del Castillo, en 1959.

Pero la relación de José María Cañas (1926-2013)[69] con *Los ilusos* de su paisano y cofrade Rafael Azcona se revelaría profunda, porque realmente la novela del segundo era una especie de espejo solidario con *Nubes y barro*, una novela anterior de Cañas publicada en Barcelona por Caralt, en 1953, y con la que *Los ilusos* convergerá en el relato de la salida de la provincia y en la complejidad del empeño literario[70] y vital invertido en la gran ciudad; el Francisco Ruiz Durán, Paco de *Los ilusos*, en Madrid, y el Juan Serrano de *Nubes y barro*, en Bilbao, Barcelona y Madrid. El cotejo entre ambas novelas permite encontrar —además de referencias autobiográficas del propio Azcona— coincidencias claras en algunos episodios, situaciones y figuras sobre las que aquí no cabe extenderse y que remiten a experiencias y relaciones compartidas por los tres tanto en su juventud logroñesa como en la experiencia capitalina; en los síntomas de infección crónica de la literatura, en la necesidad de escapada y en la tentación del regreso y la renuncia. El trío de amigos de *Nubes y barro* —Juan, Jaime y Carlos—, el de *Los ilusos* y el trío Azcona, Cañas y Martínez, de los que aquellos son trasunto, se transfieren y cruzan rasgos, hechos, ideas y noticias. La amistad, la literatura, el agotamiento de la existencia provincial, la lucha por hacerse un hueco fuera, la penuria, los anhelos amorosos y la

---

69 El 21 de marzo de 1926 nacía José María Cañas, solo siete meses antes que Rafael Azcona. Juan Serrano, protagonista de *Nubes y barro*, también había nacido en 1926 y en Logroño, mientras que Francisco Ruiz Durán, Paco, protagonista de *Los ilusos*, nace en Pamplona el 18 de noviembre de 1925.

70 Azcona, antes y después de *Los ilusos* y partiendo de la experiencia propia, dedicaría varias entregas de *La Codorniz* a la «desilusión» lírica, dando consejos de una manera irónica e incluso disuasoria a los alevines que se postulaban ilusamente como poetas o literatos. Véanse: «Escuela de poetas», «Consejos a literatos noveles» (1954); «Consejos a los niños que sueñan con la literatura», «Cómo se fabrica un poeta» (1955); «Recital poético», «Revelación de poeta» (1956); «Sueño de poeta» (1957) o «¿Puede un literato hablar mal de sus compañeros?» (1958).

desilusión están presentes en las dos novelas, si bien la de Cañas puede leerse como un primer acto —la vida en Logroño y los intentos repetidos de salida— y la de Azcona una crónica monográfica de la desilusión en la meca madrileña. ¿Dónde está Rafael Azcona en *Nubes y barro*? ¿Y Cañas en *Los ilusos*? Lo que está claro es dónde está Azcona en *Los ilusos*. A él ya le había pasado casi todo lo que le pasa a Paco en la novela y lo relata con un leve enmascaramiento: la marcha de Pamplona (en vez de Logroño), la llegada a Madrid, la pensión, el empleo en la Gran Serrería Mecánica de Candelas Galiana (en vez de la carbonería de Ventas, en la que había trabajado Azcona), las tribulaciones poéticas entre el lorquismo y la poesía social, la terna de amigos vocacionales (Paco, Mateito, Fermín, sobre todo, aunque la nómina poetástrica es más extensa), los recitales de Versos Sabáticos (los Versos a Medianoche del Café Varela, cada viernes, a las once y media de la noche), la afición a la revista musical, la vida en los cafés, los compañeros de bohemia, tertulia y hambre, la oferta para escribir novela rosa con seudónimo (origen de las cinco de O'Relly), el personaje de Bergasa,[71] el trabajo en el hotel, etc.

Eduardo Riestra, editor de las coruñesas Ediciones del Viento, contó en una breve nota introductoria a la publicación de *Los ilusos* en 2008 cómo le había pedido a Azcona, en la primavera de 2007, que le permitiese reeditar dos obras suyas y cómo Azcona le planteó como condición la reescritura. El 14 de marzo de 2008 le entregó el manuscrito de *Los ilusos* íntegramente revisado. Y el 24

---

71 Referencia a Godofredo Bergasa, polifacético y excéntrico personaje del Logroño de los años cuarenta y cincuenta que Azcona siempre reconoció les había influido mucho a él y a sus amigos, de jóvenes, en cuanto al pensar y el actuar libremente. Cañas relatará en *Nubes y barro* el episodio de la fotografía imposible que intentaron realizar los tres amigos con Bergasa desde el monte Cantabria de Logroño (Bergasa también hacía fotografías), y que Azcona reproducirá, con una redacción propia, en un artículo titulado «Dos fotos frustradas» publicado en el catálogo de la exposición *Cien años de fotografía en La Rioja* (Cultural Rioja/Cámara Oscura, 1992, pp. 42-43).

fallecía. Resulta especialmente emocionante que su último trabajo netamente literario fuera una reescritura que conectaba el final de su vida y obra con la rememoración de su origen y de las ilusiones motrices. Sin exageración ni metáforas, puede decirse que es la novela de una vida. Hasta su punto final, en todos los sentidos.

El renacimiento de *Los ilusos* en 2008, a los pocos meses de la desaparición de Rafael Azcona a los ochenta y un años, tuvo una cálida y valorativa recepción, no exenta de una inmediata melancolía por la ausencia de su autor. Citaré dos testimonios de proximidad: «Esta excelente novela costumbrista es eso y mucho más. Es un gran muestrario de una cierta picaresca urbana de la dura posguerra [...] la cantidad de personajes que surgen en cada capítulo, tendrían cada uno de ellos material para un relato o una nueva novela», dijo Ángel Sánchez Harguindey [2008]. Y Juan Cruz [2008], que lo calificó de testamento literario, concluía: «Azcona lo revisó de arriba abajo, dejó que entrara en el texto su estado de ánimo y arregló las páginas como si estuviera trabajando (como hizo con numerosos guiones a partir de obras literarias) sobre un texto ajeno [...] *Los ilusos* responde a la pasión de Azcona: escuchar, escuchar en la calle».

Le dijo Rafael Azcona a Riestra cuando le entregó la nueva redacción de *Los ilusos* que de esa versión seguro que no se avergonzaba. Naturalmente, es la que también se ofrece al lector en esta ocasión.

Pobre, paralítico y muerto
y El cochecito

(1960 y 1999)

I. Tres esperpentos

Pobre, paralítico y muerto es un conjunto de tres narraciones publicado, como *Los ilusos*, por Ediciones Arión, en 1960 y en la misma colección, La Tortuga. En esta ocasión, las ilustraciones son de Lorenzo Goñi, cuyo trazo goyesco refuerza el aguafuerte de las tres historias. Su pie de imprenta lleva fecha del 18 de abril. Justamente un año antes, el 19 de abril de 1959, *ABC* publicaba la noticia de la concesión de los Premios Larragoiti de la Sociedad Cervantina,[72] cuyo ganador en la modalidad de novela fue Torcuato Luca de Tena con *Edad prohibida*,[73] pero enumeraba la lista de escritores que también se habían presentado a dicha modalidad y en ella figuraba Rafael Azcona. ¿Con *Pobre, paralítico y muerto*? Quizás eso explicaría la reescritura que era *Paralítico* respecto al relato de origen *El cochecito*; cabe pensar que con el objetivo —cara al concurso— de

---

72 Premio instituido en 1954, un año después de la creación de la Sociedad Cervantina. Llevaba el apellido de Antonio S. de Larragoiti, escritor, financiero y benefactor, cofundador de dicha sociedad junto con Luis Astrana Marín. El premio estaba dotado con la nada desdeñable cantidad de 25.000 pesetas.

73 Entre los premiados de otras ediciones —y en sus diversas modalidades— estarían Juan Antonio Zunzunegui, Gerardo Diego o Antonio de Obregón.

ser considerado un texto nuevo, como *Pobre y Muerto*. El premio en la modalidad de poesía había recaído en Federico Muelas. Y al de novela también optó Manuel Alcántara. Ambos pertenecían, como Azcona, al retén literario del Varela. Este avance en el distanciamiento respecto a la legión del humor que era *Pobre, paralítico y muerto* coincidirá, sin embargo, con una nueva inclusión de Azcona en la antología del padre jesuita José Luis Micó Buchón *Prosa española. Siglo* xx[74] dentro del epígrafe «Estilo humorista»,[75] que se

74 Editorial Razón y Fe (Madrid, 1960).

75 En compañía de Wenceslao Fernández Flórez, Noel Clarasó, Rafael Castellano y Álvaro de Laiglesia. Mientras que en el «Estilo novelístico», sin duda ya más cercano a las pretensiones del Azcona de esta época, Micó Buchón incluía —entre otros— a Cela, Gironella, Laforet, Sánchez Ferlosio o Aldecoa. Y a otro riojano, de Haro, Francisco José Alcántara, que había ganado el Nadal en 1954 con *La muerte le sienta bien a Villalobos*.

verá representado por el capítulo de la «Carta a los Reyes Magos» de *Vida del repelente niño Vicente.*

Aún existió otro muy curioso episodio precedente a la publicación de *Pobre, paralítico y muerto* en Arión. Deltell y Alfeo [2023] aportan una información acerca del que pudo ser marco original del tríptico. En el Archivo General de la Administración localizaron el expediente de censura de un texto que llevaba por título *Concierto para pobre, paralítico y muerto* y en el que el motivo de los movimientos musicales metaforizaba de una manera irónica la dificultad general de locomoción de sus tres personajes protagonistas: el cojo, el anciano y el cadáver. Es más, cada uno de los tres relatos aparecía marcado por un *tempo* distinto: *El pobre (Maestoso), El paralítico (Andante con moto)* y *El muerto (Vivace ma non troppo).* Según el expediente, aparte de la eliminación de las expresiones «coño», «carajo» y «¡La madre que los cagó a todos!», el texto no presentó mayores problemas y el 12 de septiembre de 1958 fue firmada su autorización. Sin embargo, la edición de Arión prescindió del comentario musical que acompañaba originalmente la obra.

Entre *Los ilusos* y *Pobre, paralítico y muerto* medió la quinta y última entrega rosa de O'Relly, *La vida espera*, publicada en julio 1958. Ambientada en Nueva York, en la pensión de Mrs. Blondell, uno de sus huéspedes, llamado Red Forbes, era un poeta que escribía cuentos. Indisimulable autorreferencia del poeta aspirante a narrador que fuera el Azcona hospedado en las pensiones del Madrid de los años cincuenta. Cuatro meses más tarde, el 23 de noviembre de 1958, entregaba a *La Codorniz* su último artículo, «Demente novel», sobre el que volveré.

Si Azcona reconoció que «lo nuestro es el esperpento» y que «él estaría más cerca del esperpento», aunque «he leído más a Baroja que a Valle»,[76] y Rafael Laffón inscribió *Los muertos no se tocan, nene*

76 «Rafael Azcona. Escritor. "Para mí, escribir es penoso"», sección «A la contra», por Amilibia, *La Razón*, 10 de octubre de 1999. En entrevista con Eduardo Larrocha

en «la línea de los macabros "esperpentos"»,[77] podría decirse que *Pobre, paralítico y muerto* es su «Martes de Carnaval». Un tríptico netamente solanesco en el que la pobreza, la ancianidad y la muerte —tres formas de soledad, en definitiva— son vistas a través del espejo cóncavo del esperpento. *Pobre, paralítico y muerto* es un retablo de personajes diversos, pero también podría considerarse un arco de tres movimientos de un mismo personaje central, un infortunado, que va «doblando»: desde la frágil verticalidad del pobre Venancio hasta el *rigor mortis* del padre Julio Álvarez, pasando por la forma sedente de don Anselmo. Y, elevando el tiro, la pintura de «las gentes de un país pobre, paralítico y muerto», como definiera Josefina Rodríguez Aldecoa [1983: 107-108] la Corte de Milagros que se veía a través de «las gafas, los cristales, los lentes» de Rafael Azcona. La clave de bóveda de estos neoesperpentos es la paradoja, la ironía trágica: un mendigo que reparte millones (una infracción doblemente punible, pues además de demostrarse ilegal, transgrede el código de la pobreza); un anciano que aspira a la libertad por la invalidez (que le permitiría más movilidad que su inmovilista vida familiar) y un muerto ambulante (pasajero en la noche, haciéndolo pasar por vivo).

Pobre y *Muerto* no serían reescritos por Azcona, pero sí *Paralítico*, que —tras varias versiones, de las que daré cuenta en el apartado correspondiente— entraría en el telar de la parte de su obra reconstruida para *Estrafalario/1*, asumiendo finalmente el título de *El cochecito*. Excepcionalmente, con el objetivo de no romper el tríptico original en su primera redacción, pero al mismo tiempo

---

para la revista cultural *Turia* (n.° 53, junio de 2000, p. 202), Azcona reconoció que entre sus *Valles* preferidos estaban *Los cuernos de don Friolera* —uno de cuyos personajes es don Estrafalario, nombre con el que Azcona titulará su volumen de reescrituras— y *Luces de bohemia*. Y baste recordar que uno de sus últimos guiones fue, precisamente, la adaptación para el cine de *Martes de Carnaval*, que dirigió José Luis García Sánchez en 2008 con el título de *Esperpentos* y que Azcona no llegaría a ver terminada.

77 Laffón, art. cit.

dejar constancia de la versión que Azcona consideraba la válida, la presente edición recoge *Paralítico* de 1960 y *El cochecito* de 1999, lo que permitirá cotejar las transformaciones operadas en el texto.

II. LOS DÉCIMOS DEL PORDIOSERO

El relato *Pobre* —al igual que *El pisito*— y su protagonista, el mendigo cojo Venancio, están basados en un hecho real acaecido en Logroño en las navidades de 1957 y del que darían cuenta tanto la prensa local como la nacional:[78] una estafa lotera ingeniada por un conocido mendigo de la ciudad. Resumo la crónica del caso:

Román Vázquez Gamarra era un pobre de los censados. Solía apostarse todos los días, a las horas de misa de mañana y tarde, en la pila de agua bendita de la concatedral de Santa María de La Redonda. Tenía cincuenta y cuatro años edad en el momento de los hechos. Era natural de Elciego (Álava) y llevaba viviendo en Logroño una década en el cuarto piso de una casa del céntrico muro del Carmen.[79] De estado civil: soltero. A los dos años de edad sufrió una parálisis que le dejaría cojo para toda la vida y dependiente de muletas, circunstancia que al cronista de *Nueva Rioja* le permitió dispensarle en el retrato de su persona un paternalismo caritativo que podría, perfectamente, haber pertenecido a la retransmisión radiofónica que hacía el locutor Olmedo de la campaña «Siente un

---

78 Concretamente el diario logroñés *Nueva Rioja* («Un mendigo ha repartido en Logroño seis millones de pesetas» —22/12/1957— y «Parece que al mendigo Román Vázquez "se le fue la mano" repartiendo participaciones del "gordo" de Navidad» —27/12/1957—) y el *Ya* («Estafa de participaciones del "gordo" en Logroño» 26/12/1957).

79 Cuarto izquierda del número 10, un último piso, seguramente entonces casi abuhardillado. El inmueble permanece.

pobre a su mesa» en *Plácido* (Luis García-Berlanga, 1961), villanci-
co definitivo cuyas trazas ya prefiguraba *Pobre*.[80]

> La limitación y aun la atrofia que la parálisis infantil le ha dejado
> para muchas de las actividades físicas de este hombre no ha men-
> guado para nada su inteligencia, que se asoma a su mirada limpia-
> mente conjugada con una expresión inequívoca de bondad. Tiene
> una natural y ejemplar corrección de trato que pone una vez más de
> manifiesto que la pobreza no está reñida con la educación.

Bondad que volverá a ser ponderada con idéntica retórica ol-
mediana tras haberse prestado el pobre a ser entrevistado por los
informadores en sede del Banco de Bilbao —y en colaboración pu-
blicitaria, claro, de la dirección de la sucursal— al personarse el sábado 22, día posterior el sorteo, para que se le admitiese el depósito
de los dos décimos correspondientes al número 53414, agraciado
con el gordo de la Lotería y de los que era poseedor. Pónganle la
voz de Roberto Llamas (el Olmedo de la película):

> Contesta a nuestro interrogatorio serena y deferentemente, con franca
> naturalidad, sin dar pruebas de extraordinaria emoción, aunque mos-
> trando una tranquila alegría por haber sido vehículo de la suerte para
> muchos «clientes» y favorecedores suyos, y también, claro está, por
> haber participado él mismo de ella con un no despreciable «pellizco».

Román Vázquez Gamarra contó a los periodistas cuál era ha-
bitualmente su *modus operandi*: para cada sorteo adquiría algunos
décimos de los que luego ofrecía participaciones de cinco pesetas, a

---

80 De hecho, al pie del artículo de *Nueva Rioja* del 22 de diciembre, hay un recuadro
    publicitario anunciando la «Campaña de Navidad» de Logroño, muy similar a la que
    inspiró *Plácido*: «Estamos en vísperas de Navidad. Y nos disponemos a celebrarla
    con la especial alegría que de ella irradia a todos los hogares. Pero ¿nos hemos pre-
    ocupado ya de hacer partícipes de esa alegría a nuestros hermanos necesitados con
    un rasgo de amor cristiano? Apresúrate a entregar tu donativo para la Campaña de
    Navidad. Puedes hacerlo en las parroquias de la ciudad, centros oficiales y sucursa-
    les de los bancos».

las que solían añadir veinticinco céntimos de limosna aquellos que se las compraban. En esta ocasión, había adquirido los dos décimos en una administración de Bilbao,[81] en un viaje que había realizado en septiembre. Fortuna (por el momento) quiso que le cayeran ¡seis millones de pesetas! a repartir.

La crónica seguía abonando la imagen de un pobre benefactor y desprendido; de un pobre de cuento de navidad:

> También nos detalla este mendigo repartidor de millones que casi todas las participaciones por él entregadas están en poder de gente muy humilde y las restantes en personas de clase media. Solo se reservó él, como suele hacer con los demás números de los que vende décimos, una participación de cinco pesetas, por la que, como es sabido, podrá cobrar 37.500 pesetas. Se ve que está satisfecho de su suerte, pero que la perspectiva de ese dinero no le excita demasiado.

No se recató el agraciado en detallar al por menor los destinos del reparto, que se habían correspondido con las participaciones colocadas en la localidad vecina de Villamediana, donde había vendido más de un centenar de a duro y algunas de hasta veinticinco pesetas y —en mayor medida— en el barrio obrero logroñés de Varea; concretamente a tres vecinas, de nombre Leonor, Concepción y Dolores, sin que recordara los apellidos respectivos.

Pero hasta aquí llegó el bueno del pobre Román Vázquez Gamarra, porque en cuarenta y ocho horas se desató la novela picaresca y el «pellizco» se transformó en delito flagrante. Desde el lunes día 23 comenzó a extenderse por la ciudad el rumor de que el pordiosero podría haber vendido más participaciones de las que correspondían a los dos décimos; concretamente el importe que hubiera correspondido a cuatro. La voz de alarma la darían las entidades bancarias, que calculaban que estaban abonando el doble de dinero del que permitían dichos décimos. Y aunque no se presentara de-

---

81 La número 6, situada en el Arenal.

nuncia alguna, ni por los particulares ni por las entidades defraudadas, el comisario jefe de Policía ordenó a la Brigada de Investigación Criminal que realizara averiguaciones. Los rumores, que se iban confirmando, llevaron incluso a una primera fabulación alusiva en la sección de *Nueva Rioja* «Ventana a la Calle»,[82] en la que se contaba la historia de unos vecinos que, confiados, habían comprado pasajes para viajar en cohete a la luna o —de no poder viajar— unos vales a cuenta de los tesoros que provinieran de la expedición. Cohete que al final se rumoreó, nunca despegaría, aunque los afectados —para que no se dijera— procuraron disimular el fiasco. El desenlace de esta historia fue que Román Vázquez Gamarra pasó a disposición judicial. No sería extraño —al contrario, muy probable— que habiendo vivido este pobre en Logroño desde 1947, Azcona —que dejó la ciudad en 1951— lo conociera personalmente, siendo como era un tipo popular, de la calle, y parte de la figuración que operaba en torno a la concatedral y a su plaza de Mercado: desde pobres de solemnidad a plañideras y plañideros de alquiler para entierros principales.

En cualquier caso, la figura del pobre, con anterioridad a Román Vázquez Gamarra, era ya un fijo en el inventario de personajes que Azcona alternaba en *La Codorniz*. Entre 1952 y 1958 le había dedicado casi una veintena de artículos: «El nuevo pobre» (1952); «Cómo ser pobre en un periquete» (1953); «Consejo a los novios pobres» (1955); «Consejos a los pobres» y «Campeonato de pobres» (1957); «Más sobre los pobres», «Defensa de la mendicidad», «Pobre pobre», «Consejos a los mendicantes», «Correspondencia de pobres», «Carta a un pariente pobre» y «Consejos a los pobres» (1958) y una serie de cinco entregas de «Carta a un pariente pobre» (1958). Súmense al mural menesteroso algunos otros mendigos viñeteados por el Azcona dibujante.

---

82 25/12/1957.

Pese a su efecto cómico, la «miserabilidad» no era, en el fondo, motivo de simple broma o chiste para Azcona, sino motivo de una estrategia irónica para reflejar el esfuerzo de supervivencia en un país aún carencial y habitado por capas sociales muy empobrecidas: una España *carpantista*. El propio Azcona era conocedor de lo que el niño Vicente denominaría eufemísticamente la «modestia económica». Provenía de una humilde familia logroñesa —hijo de un sastre y de una mujer que limpiaba domicilios— y anduvo, durante tiempo, a dos velas y a lo que salía —de trabajo y pensión— en su aterrizaje capitalino. Azcona agudizará la ironía sobre la pobreza haciendo, de nuevo, uso de la paradoja: el buen pobre es el pobre profesional, aquel que no se sale de su papel de pobre; por lo que, en las entregas al respecto, el que falta a su oficio se verá censurado por la sociedad; a diferencia de aquel que cumple lo que de él se espera y que, en definitiva, certifica la mayor, resumida por el repelente con la siguiente máxima: solo se «puede ser feliz en la limitación». Así, Azcona, burla burlando, certificaba —junto a otros compañeros del tenor codornicesco— la fosilización de la pobreza en España, una pobreza de obligado cumplimiento, pues la existencia de pobres, como la de verdugos, se debe al acatamiento de sus funciones y a una "reglamentación" gremial. Una viñeta de Azcona publicada en *La Codorniz* en 1954[83] lo resumía gráficamente: un matrimonio de burgueses que camina del brazo acaba de dejar atrás un pobre, y él le dice a su esposa: «¿Has visto qué mendigo tan insolente? ¡No nos ha pedido ni limosna!». O esa otra muestra del colmo paupérrimo que reflejaba una viñeta publicada en *Pueblo* (20/01/1956), y titulada «Esperanza», en la que un matrimonio, esta vez de chabolistas, comenta: «Mira, si nos declarasen en ruina nuestra chabola, nos llevarían a un piso con puerta y toda la pesca». Una de las entregas que mejor ilustran esta idea

---

83 N.° 563, 23/05/1954.

del determinismo paupérrimo es el cuento «Nuevo pobre», que el propio Azcona recicló en numerosas ocasiones desde que lo publicara como quinta colaboración en *La Codorniz* en 1952.[84] «Nuevo pobre» es la queja de un pobre encastado, descendiente de séptima generación de pobres, que comprueba cómo cualquier advenedizo de clase media puede —llevado por la «confusión de clases» (sic)— infiltrarse en el gremio. Baste decir que el pobre «auténtico» acababa por darle cinco céntimos al «nuevo». Debía gustarle a Azcona. Lo repescó en «los extras» de *Cuando el toro se llama Felipe* (1956), en el diario *Pueblo* (1956), en la *Antología del humor español* (1957)[85] y acabó reescribiéndolo para la revista riojana *Fábula* en 2003,[86] añadiendo dos digresiones descriptivas del narrador, el pobre titular: una acerca del puente que le servía de morada y otra sobre un *affaire* que mantuvo con una viuda lucense, muy carnal, que le dio de limosna una loncha de lacón y una hogaza.

Azcona, volviendo a la noticia de la que surgió *Paralítico*, mantuvo para el relato la ubicación original de la historia, Logroño. Y aunque nunca se declare el topónimo resulta reconocible por algunas de sus localizaciones: los puentes de Hierro y de Piedra, la plaza del Mercado, el Café Oriental, el restaurante La Chata, el Gran Hotel, el cine Moderno o la vecina sierra del Toloño.

III. EL ANCIANO DEL COCHECITO O
LOS «BALDAOS» SON LOS OTROS

Si no por un caso real, *Paralítico* —retitulado *El cochecito* tras convertirse en guion y en la película resultante— le fue inspirado a Azcona

---

84 N.° 572, 02/11/1952.
85 Taurus, El Club de la Sonrisa.
86 N.° 12, verano de 2003, pp.6-7.

por una observación casual a pie de calle. Así lo rememoraba él mismo [Pruneda, 1960: 7]:

> Saqué el cuento del *cochecito* de una vez que vi la salida del fútbol. En medio de los coches, se hizo de repente un claro y por allí avanzaron treinta o cuarenta hombres en sus pequeños cochecitos de inválido. Iban deprisa y comentaban entre ellos a gritos el partido que acababan de ver. Uno de ellos, de repente, exclamó: «¡Nada, hombre, son un equipo de baldaos!». Y en ese momento pensé que aquellos hombres estaban más vivos que yo. Hay, en una asociación que tienen estos hombres, un lema: «El movimiento es vida». Y es cierto.

Efecto de esta anécdota fue una primera y muy breve versión para *La Codorniz* de la ironía profunda que encerraba la imagen y que abriría una secuencia de reescrituras de la que habría de convertirse en la historia de Azcona que más transformaciones verificó a lo largo de su vida de escritor. "El señor que quería ser paralítico" fue su título (n.° 832, 27/10/1957), publicada bajo el seudónimo de Repelente. Trataba de un anciano que le confesaba a un fornido y desconocido joven que deseaba ser paralítico porque presumía que todo iban a ser ventajas: se vería liberado del trabajo, de los líos del transporte público y de esperar en los semáforos.[87] Además de —por su condición de inválido— ganar en respetabilidad. El joven, aun perplejo, acaba partiéndole la columna vertebral al anciano, que se queda «encantado de la vida». Conviene recordar que, al igual que la figura del pobre, la del anciano (inmigrada, como otras, del catálogo de los *humoristi* italianos que la plana de *La Codorniz* conocía e imitaba) constituyó prácticamente un género para Azcona. Baste decir que su primera colaboración

---

87 Azcona llegó a reconocer [1991: 11-12] que, tras comprobar «la superioridad de los impedidos», intentó comprarse uno de estos vehículos motorizados para moverse por Madrid, pero que no le llegaba el dinero, por lo que «para sacarle a mi descubrimiento algún provecho —setenta y cinco pesetas, esa era la remuneración por artículo— lo conté en la revista».

en la revista más audaz fue «Reunión de vejetes» (n.° 566),[88] a la que seguirían muchas más, nunca conmiserativas o amables con la senectud o el *abuelismo* que representaban lo arcaizante, sino guiñolescas y satíricas: «Urbanidad para ancianos», «El anciano abrecoches» (1953), «¿Quiere usted llegar a centenario?» (1954), «Del respeto a los ancianos», «Mi adorable nietecito» (1957) o las series de cartas o consejos «a un nieto imbécil» que sumaron trece entregas en 1957, «El anciano venerable» (1958), o las nueve entregas de «Nuestro perverso abuelo» entre 1956 y 1957.[89]

Solo un mes más tarde de «El señor que quería ser paralítico» apareció en la edición dominical del diario *Arriba* (24/11/1957[90], pp. 31-35) *El cochecito*, un relato largo de cuatro páginas que ya desarrollaba el argumento de un anciano llamado don Anselmo, que vive controlado por su familia y siente envidia de la insospechada movilidad que sus amigos paralíticos disfrutan en sus sillas de ruedas a motor, lo que le llevará a empeñarse, a toda costa, en hacerse con una de ellas. Azcona lo había presentado a un concurso literario de Editorial Juventud con la ilusión de ganar las cien pesetas del primer premio, cosa que no sucedió, porque —aunque el tema de la convocatoria era la vejez— «yo había olvidado que se trataba de contar cuentos sobre la venerabilidad de los ancianos, no crudas verdades sobre sus derechos al pluriasesinato» [Azcona, 1991: 12].[91]

---

88 (21/09/1952).

89 Igualmente, en *Pueblo*, su cuarto artículo fue «El anciano saltimbanqui» (07/08/1954). Después vinieron «Carta a los ancianos literatos» y «Ancianito» (1955).

90 En un recuadro inserto en el margen inferior de la primera página, se valoraba la pujanza como novelista de Rafael Azcona: «*Los muertos no se tocan, nene* y *El pisito* fueron luego los nuevos títulos que sumó a su obra. Novelas verdaderas, llenas de aciertos, donde una tierna delicadeza y un fino sentido crítico acompañan a las situaciones y los personajes».

91 Jaime Campmany, que perteneció a una tertulia de El Comercial de Madrid —junto a Azcona, Mingote, Fernando Guillermo de Castro o Eugenio García Luengo—, presidida por Eugenio D'Ors, recordaba cómo al café de la Glorieta de Bilbao «llevó Azcona una noche, antes de ser Azcona, el original de *El cochecito*» (*ABC*, 29/06/1996).

Para su inclusión posterior en el tríptico *Pobre, paralítico y muerto*, Azcona realiza numerosos cambios en la redacción de *El cocheci-to* —si bien no altera ni su trama ni personajes ni extensión— y reemplaza el título por el de *Paralítico*, sin duda para sintonizar la terna de adjetivos, con *pobre* y *muerto*, pero quizás para singularizar la que iba a ser inminente película *El cochecito*, derivada del relato[92] del que, a esas alturas ya existía —con finalidad cinematográfica— un guion escrito por el mismo Azcona, como tarde en 1959, si no antes.[93] La propia solapa del tríptico ya avanzaba que *Paralítico* se iba a ver en los cines con el título de *El cochecito*.[94] Tiene sentido, por cierto —atendiendo a fechas y analogías—, el pensar que la reescritura que Azcona elaboró de *El cochecito* publicado en *Arriba* para reconvertirlo en el *Paralítico* de *Pobre, paralítico y muerto*, en 1960, ya la abordara tras escribir —firmándolo con Marco Ferre-ri— el guion cinematográfico. Este supondría una transformación profunda y ancha del drama y circunstancias de don Anselmo. La revista *Temas de Cine* lo publicó también en 1960. *Siéntate y anda* y *Todos somos paralíticos* fueron títulos alternativos (y previos) bara-jados para la película, siendo el segundo el preferido por Azcona.

En 1991, atendiendo a un ofrecimiento del consejo de redac-ción de Biblioteca Riojana para participar con un texto suyo en la colección,[95] eligió que fuera *El cochecito*, pero no el relato literario (entiéndase, *Paralítico*) ni el guion cinematográfico. El resultado

---

92 En los créditos de la película consta estar basada en la novela de Rafael Azcona *El cochecito*.

93 Es muy posible que fuera escrito a finales de 1958. Téngase en cuenta que una tercera versión de guion ya consta como presentada a censura en febrero de 1959 [Sánchez Salas, 1997: 484].

94 Se estrenaría el 3 de noviembre 1960 en Barcelona y el 2 de abril de 1961 en Madrid.

95 La Biblioteca Riojana fue una iniciativa auspiciada por el entente Cultural Rioja (for-mado por el Gobierno de La Rioja y por el Ayuntamiento de Logroño) y se inició con el libro de Gustavo Bueno *Primer ensayo sobre las categorías de las ciencias políticas*.

—que formaba parte de una edición con material documental y gráfico anexos titulada, atendiendo a la cualidad de su revisión, *Otra vuelta en «El cochecito»*— fue un híbrido entre un formato similar al guion —con desglose en bloques que a su vez se dividen en escenas y en numerosas tiradas de diálogos— y una novelización relativa, pues —y esto vuelve a acercarlo a las acotaciones de un guion o de un libreto teatral— el aparato descriptivo es escueto y la narración hace uso del presente provocando la sensación en el lector de ser espectador de la historia, de estar viendo la película, a la que —es evidente— está muy pegada la reescritura; lo que el propio Azcona reconoció en un prólogo [Azcona, 1991: 15]:

> Como reconstruir con pelos y señales aquel guion de rodaje daría lugar a un galimatías de penosa lectura, he optado por volver al guion literario original, casi un relato, ajustándolo en lo posible a las imágenes y diálogos de la copia *standard* de la película. Para ello la he visto en vídeo un montón de veces: ojalá que esa tortura haya servido para que el posible lector de lo que sigue se entretenga un rato.

Al volver a ver la película, Azcona repesca pasajes que fueron creados para aquella. Y es que, al fin y al cabo, la película era ya un texto fijado. Solo un ejemplo: incluirá la escena en que los dos frailes acuden al bufete Proharán por un interdicto, que era la secuencia que él mismo y Carlos Saura interpretaban en pantalla.

Por último, en *Estrafalario/1*, en 1999, Azcona incluiría como tercera y última pieza la reescritura definitiva de la historia manteniendo el título —ya consolidado— de *El cochecito*, y en la que, a diferencia de la versión para *Otra vuelta*, el grado de novelización es total y son numerosas las aportaciones y giros de acción o diálogo (incluso le añade un apellido a don Anselmo: Olmedillo). Es muy interesante sondear cómo Azcona en esta su última vuelta en el cochecito trabaja con un distanciamiento y libertad que le permite escribir la historia como si fuera la primera vez y, simultáneamente, integrar sus anteriores vidas. También lo será el cotejar un elemento diferencial de las distintas reescrituras considerando una reescritura más el montaje de la versión cinematográfica. Me refiero, claro está, al grado de explicitud o de ambigüedad del envenenamiento mortal que don Anselmo provoca en su familia. Veamos: en *El cochecito* de *Arriba*, don Anselmo, compungido por la suerte de sus nietas, regresa al portal de su casa y la portera le dice que a sus familiares se los han llevado a todos al hospital y que morirán, mientras que un hombre «ensombrereado» —cabe pensar que un inspector— se le acerca al anciano para anunciarle que «Ha pasado algo lamentable. Su familia...». El final en *Paralítico* comprende el regreso de don Anselmo, pero de la frase de la portera se elimina el admonitorio «morirán» y desaparece la frase del hombre del sombrero. La película *El cochecito* tuvo dos finales: en la copia presentada en la XXI Mostra Internacional de Cine de Venecia (1960)[96] se incluía la secuencia en que se veía demudado a don Anselmo, montado en su cochecito, contemplando a distancia cómo sacan en camilla, cubiertos con sábanas, a sus familiares y los introducen en una ambulancia.[97] Secuencia que sería eliminada por imperativo de la censura en las copias españolas, en las que —para dejar claro que el envenenamiento no se había consumado— dicha conclusión fue contradicha por la inclusión de otra secuencia alternativa y previa que mostraba a don Anselmo telefoneando desde un bar a su casa para comprobar que su familia no había muerto; cosa que quedará certificada al verles alrededor de la mesa del despacho con la olla del cocido emponzoñado y dejando todo rebajado a una chiquillada del abuelo. El guion publicado por *Temas de Cine* —que en

---

96 En la que ganó el Gran Premio de la Crítica Internacional (otorgado por la Federación Internacional de la Prensa Cinematográfica).

97 La copia íntegra, con esta secuencia, la editó un DVD italiano (General Video Classic) en 2005. Más tarde, en España, la plataforma Filmin también incluyó en su catálogo, en 2020, la versión completa. Y Cameo editaría en blu-ray la versión íntegra restaurada por la que fuera productora de la película Films 59 (Pere Portabella).

cambio sí insertaba un fotograma de la secuencia eliminada de las copias exhibidas— no transcribía ni el final original con resultado más que probable de muerte de toda la parentela ni tampoco el impuesto para la exhibición en España, saltando de la secuencia de un último encuentro de don Anselmo con los novios Julita y Faustino (ambos paralíticos y en sus cochecitos respectivos) a la secuencia del anciano en un paso a nivel camino de las afueras de Madrid.[98] En la reescritura para *Otra vuelta en «El cochecito»*, Azcona incluirá la escena en que don Anselmo intentará avisar por teléfono desde el bar pero... sin lograrlo, porque un cliente lo tiene ocupado, con lo que iniciará carrera hacia su casa, en cuyo portal verá fatalmente «cómo van cargando las camillas en las que yacen los suyos». Y en la reescritura para *Estrafalario/1* todo quedará ya muy claro, produciéndose, además, un cambio radical en la actitud de don Anselmo, que pasa de la aflicción y el temor a la frialdad. Aunque también se reitera su impulso de avisar a la familia, al no conseguirlo tampoco, aparca el coche y a trote cochinero (sic) e imaginando ya el estado de putrefacción de sus deudos llega al portal viendo cómo las camillas salen una tras otra e imaginando que hasta «el botarate de Alvarito también había comido cocido».

Y aquí ya no es frialdad sino íntima satisfacción.

IV. Y LAS GALAS DEL DIFUNTO

Muerto, último cuerpo —en todos los sentidos— del tríptico, es una de las historias menos citadas de Azcona y una de las mejores. En torno al accidente complejo en lo personal y social que supone

---

98 Ni siquiera se describe en la acotación de la secuencia correspondiente —la que transcurre en el baño al que entra don Anselmo a por el colirio para los ojos— que coja el frasco de veneno, aunque sí se ve que este se encuentra allí. El acto del envenenamiento no consta, en definitiva, en esta versión.

el deceso y la órbita de reacciones farisaicas, cobardes o interesadas que la rodean, *Muerto* podría ser una coda —pesadillesca, abstracta y un punto hitchcockiana (el momento del encuentro con el agente)— a *Los muertos no se tocan, nene* y el esperpento más neto de los tres. El padre Julio Álvarez ha fallecido durante unos ejercicios espirituales; la «conducción» nocturna de su cadáver —haciéndolo pasar por enfermo— en taxi hasta una parroquia de Zaragoza, fabula de una manera extremadamente gráfica la figura del muerto incómodo o molesto, la idea de cargar con el muerto o de no tener dónde caerse muerto; la condición menesterosa del difunto y el grotesco organizado alrededor; la taxonomía o catalogación del cadáver, de acuerdo a su grado de utilidad, como hiciera Giovanni Mosca para su novela *No es verdad que sea la muerte...* (*Non é vero che sia la morte*, 1941), editada en España en 1948, luego en 1956 —año de *Los muertos no se tocan, nene*— y nuevamente en 1958.[99] En ella, el enterrador discriminaba a sus difuntos entre útiles (los más mayores) y ornamentales (los más jóvenes).

Podemos encontrarle a *Muerto* un antecedente claro y un muy probable descendiente. En 1958, Azcona había publicado en *La Codorniz* (n.° 848, 16/02/1958) «El muerto», que contaba la historia de un tipo que iba acompañado de un muerto a un café y lo sentaba en el diván: «su muerto», un muerto de su propiedad, con el que entra y sale, «un muerto juicioso y educado» y con el que provoca el escándalo entre la clientela, a la que el narrador y «dueño» del muerto tacha de burguesa. Y uno de los trances más esperpénticos de *Plácido* (1961)[100] será la muerte del anciano Pascual, marido de

---

99 En 1948 por José Janés, Colección El Monigote de Papel, Barcelona; en 1956, también por Janés/Colección Club de los Lectores; y en 1958 por Ediciones G. P./Colección Libros de Humor El Gorrión, Barcelona.

100 Cuyo guion se tuvo que escribir con posterioridad a *Muerto*. *Pobre, paralítico y muerto* se publica en 1960 y la fecha de inicio de rodaje de *Plácido* es el 27 de febrero de 1961.

la Concheta in *articulo mortis*. Pascual ha fallecido, seguramente, a causa de la indigestión y el trajín en el domicilio —este sí burgués— de los Helguera para fastidio de todos los invitados. Nadie quiere ni certificar su muerte, nadie quiere hacerse responsable. Será Plácido Alonso, en calidad de transportista, el que tenga que hacerse cargo, montándolo en la plataforma trasera de su motocarro atado a una silla, y conducirlo cadáver y sentado, haciéndolo pasar por figuración de la Campaña «Siente un pobre a su mesa», hasta la chabola donde mal vivía con la Concheta.

Una vez más, el arquetipo, en este caso el de la figura del muerto, el del muerto solitario o ambulatorio y con algún repunte de lirismo fúnebre, era compartido en el entorno. Caso de Manuel Summers, cuyas prácticas en el Instituto de Investigaciones y Experiencias Cinematográficas habían sido *El muertín* (1957) y *El viejecito* (1959).[101] En la primera, un cadáver desaparecía en el curso de su enterramiento tras la irrupción de un toro en el cementerio, y en la segunda un anciano recibía la visita de la parca; esta le concedía diez minutos para dar por la calle un postrero paseo que concluía en un episodio de autoescopia del propio ataúd,[102] frenado por la aparición de un perro [Aguilar y Cabrerizo, 2019: 549-550].

---

101 Incluso ¡la revista *Chicas*! había publicado algún relato como «Un jovial y misterioso muertecillo» del guionista radiofónico y novelista Rafael Barón (Valcárcel), en su número 230 (del 16 de noviembre de 1955, en el que también colaboraba O'Relly). Este relato cuenta la historieta de un agente de seguros, anciano y menudo, que ha muerto inoportunamente de un infarto en el bufete de una casa en la que se celebra la boda de la hija de los dueños, quienes decidirán para no estropear la fiesta guardar el cadáver en una maleta de viaje. Si ya este ambiente nos resulta muy próximo a lo azconiano, lo es más un párrafo del cuento: «Bien estaba esa cristiana costumbre de recoger algún pobre por la calle, en Nochebuena, y sentarle a la mesa familiar para que disfrutase del pavo [...] pero convidar a un muerto a una fiesta de esponsales resultaría demasiado espectacular e inusitado».

102 Es curioso: *Fresas salvajes* (*Smultronstället*) de Ingmar Bergman era de aquel año, 1957, pero no se estrenarían en España hasta 1963.

Por cierto que *El viejecito* y —volviendo por un momento a don Anselmo— *El cochecito* presentarán una curiosísima y puntual coincidencia, como para estudiarla: la práctica de Summers se iniciaba con el hijo del viejecito silbando frente al espejo mientras se encorbata y encajaba el peluquín, la «Marcha del Río Kwai» de *El puente sobre el río Kwai* (*The Brigde on the River Kwai*, David Lean, 1957), estrenada en España en octubre de 1958 ¡en el Palacio de Prensa! —que compartía edificio con *La Codorniz*—,[103] y en el guion de *El cochecito* publicado por *Temas de Cine* se describe en su primera secuencia cómo, por la calle que desciende apresurado don Anselmo, ocho peones, con sus monos de trabajo y cada uno con un inodoro sobre la cabeza,[104] como si fueran sombreros, «caminan en fila india, muy marciales, silbando la "Marcha del Río Kwai"» [Azcona, 1960d: 19]. Sin embargo, en la banda sonora de *El cochecito*, a pesar de verse a los peones tocados con los inodoros, nunca se escuchará la «Marcha», y sí el tema de Asins Arbó. Con todo, Azcona no lo enmendaría y mantuvo su permanencia —al menos literaria— en las versiones para *Otra vuelta en «El cochecito»* y para *Estrafalario/1*. Y no sería *El cochecito* la única vez que —por alguna razón, quizás porque permitía una sátira de la marcialidad— volviera a servirse de la «Marcha» del Kwai. En artículo «Demente novel» al que antes he hecho referencia, la mayor de las demencias que se mencionan es la del

> joven que no quería ser ni empleado de banco ni nada que no fuera loco fue y raptó a quinientos niños de un colegio de párvulos, los ató con alambres, les enseñó a silbar la «Marcha del río Kwai», y cuando los niños ya la silbaban que daba gusto oírlos, fue y los mató a todos de puntapiés [Azcona, 2014: 489].

---

103 Además de en el Carlos III y el Roxy A. Pero no debe ser casualidad la vecindad de la película de David Lean con el «palomar» codornicesco.

104 Una de las ilustraciones de Lorenzo Goñi para *Paralítico* mostraba a don Anselmo tocado con un sombrero convertido en el carricoche que deseaba adquirir.

En cuanto a la condición de cadáver y a su problemática eva-
cuación —las dos cuestiones que afectan al difunto padre Álvarez
y a otros muertos anteriores del repertorio azconiano—, ya en el
«Prólogo de un muerto» de *La España Negra* (1920) de José Gutiérrez Solana —ascendente capital para Azcona—, los de la funeraria insistían en llevarse al presunto muerto al cementerio por no
ser ellos los que quedaran en ridículo, le gustara o no le gustara
el ataúd al cliente, que —narrador, por añadidura— era un falso
fallecido, un fallecido autosoñado y de nuevo autoescópico. Pero
es que —moviéndonos en la clave esperpéntica— ¡tampoco Basilio
Soulinake, en *Luces de bohemia* (1920-1924), se atrevía a certificar
científicamente la muerte de Max Extrella!; o lo que es lo mismo: su
fallecimiento, pues según el alemán estaba basado en una «prueba
acientífica». El don Fabián de *Los muertos no se tocan, nene* venía a
ser un muerto que tardaba en morirse y —para mayor contrariedad
propia y ajena— lo hacía en primavera; sus últimas palabras eran
malinterpretadas por sus deudos, una canallesca que lo insulta y lo
entierra en un funeral de tercera. La doña Martina de *El pisito* sería,
como don Fabián, un bulto al que interesa desalojar. Y reparando
en gastos. No hay más que oír a Petrita amonestando a Rodolfo:

> ¿Pero qué manía te ha entrado con el nicho? [...] Con lo que cuesta
> esa idiotez nos podemos comprar un dormitorio de estilo colonial.
> A ver, contesta: ¿qué es más razonable?, que nos compremos noso-
> tros el dormitorio, que lo vamos a disfrutar, o que la metamos a ella
> en tu dichoso nicho, que ni siquiera se va a enterar de que está allí
> [Azcona, 1957: 151].

Por último, traigo a colación funeraria dos «modestas proposiciones» de Azcona en *La Codorniz* de 1958, por participar claramente del tono del *A Modest Proposal* (1729)[105] de Jonathan Swiftt,

---

105 Recuérdese que el asunto de la propuesta de Swift (su título completo era *Una modesta propuesta para evitar que los hijos de los pobres sean una carga para sus padres y su*

un paradigma irónico-satírico que era uno de los textos preferidos por el logroñés y, no en vano, ya ensayado en la acción de «Demente novel», como se puede comprobar en el párrafo citado sobre el joven raptor de niños. Esas «dos modestas proposiciones» eran «Muertería» y «De los entierros». En «Muertería», de 1958,[106] se abogaba por la apertura de un negocio de venta de muertos —«un muerto hijo, un muerto madre, un muerto tío de América»— con el objetivo de facilitarle uno a quien no lo tuviera («los solitarios, los desarraigados, los apátridas, los perdidos en el gran laberinto del mundo») [Azcona, 2014: 423]. Y en «De los entierros»,[107] también de 1958, se proponía la celebración de entierros fingidos, al modo de un espectáculo, pero de primera clase, a «la Federica», con ornato y divertimento, formando parte del programa municipal de fiestas.

---

país, y para hacerlos útiles al público) consistía en que los arrendatarios pobres, al no poder satisfacer el arriendo que les exigían los terratenientes ricos, les vendieran a estos sus hijos para que se los comieran (en alusión a la hambruna).

106 N.° 587, 20/04/1958.

107 N.° 877, 07/09/1958.

RAFAEL AZCONA

los
europeos

Rafael Azcona
LOS EUROPEOS

colección andanzas

TUSQUETS

Los europeos

(1960 y 2006)

I. La novela fantasma

El 5 de julio de 1959, dos años después de descubrir las bondades de la isla y su escotilla de europeización, Rafael Azcona publicaba en el diario *Arriba* el artículo «Postal de Ibiza»,[108] que puede considerarse, claramente, no solo una estampa de sus impresiones como residente estival, si no el mapa de localizaciones y el boceto de paisanaje de lo que un año después será *Los europeos*. Como puede rastrearse retrospectivamente en su lectura, la postal ya contenía el germen y el panorama general de la novela. Es por ello que, a modo de preámbulo, considero revelador el reproducirla:

> Me levantaba tarde. San Antonio Abad, blanca su cal hasta la rabia, cargaba sin pestañear con toda la luz del Mediterráneo, y la bahía era solo una mancha azul y enorme, festoneada por el verde de los pinos y las sabinas.
>
> En los sombrajos de Escandell y del Tiki, camareros improvisados por el verano servían en todos los idiomas ensaimada y absenta de la tierra, y miraban quizá con envidia a sus excompañeros, los pescadores que cruzaban la calle llevando entre los dedos hechos garfios

---

108 Transcrito en [Azcona, 2018: 157-159]. En semanas consecutivas del mismo verano, publicaría otras dos postales en *Arriba*: desde Tenerife (el 12 de julio) y desde Almuñécar (el 19 de julio).

la plata oscura y palpitante de meros y dentones. Al sol, abriéndole las piernas, solo se quedaban las viejas inglesas, levantados hasta la mitad de los muslos sus trajes estampados.

Los veraneantes españoles, libres al parecer de nuestros corsés de andar por casa, jugábamos la baza del latino con una Europa más o menos rubia, pero siempre variopinta y despreocupada. Desde la isla, De Gaulle y Argelia eran, incluso para los franceses, unos nombres lejanos y poco importantes. Lo que importaba era el guardia, el único municipal de San Antonio —el otro era su jefe— que aparecía de vez en cuando, muy marcial en su uniforme azul, terminado en alpargatas negras, empecinado el pobre hombre en alargar los *shorts* de las europeas. Cuando imponía alguna multa, nosotros, los descorsetados españoles, conveníamos en que era lógico que el mundo civilizado nos tuviera por atrasados y oscurantistas.

La playa estaba en el fondo de la bahía, cerrada por el muro del anexo del hotel Portmany. Ese muro había dado ocasión a la zumba madrileña para bautizar la playa; unas muchachas de la glorieta de Bilbao, de Embajadores o del barrio de Salamanca, cansadas de encontrar calas en todos los rincones de la isla, la habían llamado Cala Pared, y el nombre prosperó.

Los españoles europeizantes paseábamos entre los cuerpos desnudos intentando aparentar una naturalidad septentrional. Supongo que no teníamos éxito, y que quedaban mucho mejor que nosotros las gordas señoras de nuestra clase media, escandalizadas muy a su gusto ante tanta desvergüenza. De cualquier manera, algunos conseguían establecer contacto con el continente, y entonces, a pesar de las barreras idiomáticas, se apresuraban a explicar que ellos no tenían prejuicios, que las chicas españolas eran unas tontas obsesionadas por el matrimonio, y que a las nueve de la noche estarían en El Patio, en Sa Cala o en la Bodega Tristán.

La siesta terminaba para mí y para otros muchos al caer la tarde. Excepto los alemanes, que corrían con sus cámaras a cazar la puesta de sol en la boca de la bahía, los demás nos apretábamos dentro del pueblo, lanzados a la vida de relación y al alcohol. Arturo Tristón, en el casi museo taurino de su bodega, les decía cosas a los ingleses y les servía algo que no habían pedido, pero que luego les gustaba horrores: champán con coñac; en un rincón, Juanito, un ibicenco bárbaro y simpático tocaba la guitarra para hombres y mujeres de varias latitudes. En El Patio, Pepe, el cocinero, congregaba a su alrededor a los que preferían sus croquetas, sus gambas como caballos y las enormes raciones de pescado. En Sa Cala la chiquillería machacaba el crepúsculo en los futbolines, y algunos catalanes finos de domingo se mezclaban con las inglesas sin sol para competir en la tarea de empujar unas pelotitas en el golf del jardín.

Con la noche, la europeización era más completa. En Ses Guitarres y en Isla Blanca sonaban músicas alemanas, francesas, inglesas, italianas y quizá hasta polacas, y en sus pistas se iban tejiendo, por encima de las fronteras, idilios más o menos irresponsables entre gentes que, de pronto, parecían tener muchas cosas en común. Los ibicencos también participaban en la confusión: serios, casi sombríos, invitaban a bailar a las extranjeras imparejables, y apenas daban tres pasos con ellas les explicaban lo bien que se podía pasar en la playa, a la luz de la luna. Todo se prestaba a que todos estrechásemos lazos, pero el cantante de Isla Blanca era seguramente lo que más nos empujaba; el cantante, olvidando que a la mañana siguiente sería un buen padre de familia ocupado en bañar a su mujer y a su hijita, llenaba la noche con su modesta locura de poesía y de verano, cantando con mucho sentimiento:

Bahía del amor,
espejo encantador
de Ibiza...

Supongo que cuando nos íbamos a dormir todos lo pasábamos bastante mal. Bajo las estrellas —nunca he visto tantas como en el cielo de San Antonio Abad—, el faro del puerto parpadeaba recordándonos que había barcos dispuestos a devolvernos al invierno, a De Gaulle y a Argelia, y a nuestros corsés.

El escritor, abogado y periodista madrileño Fernando-Guillermo de Castro (1927-2014), quien dedicara al «paraíso ibicenco» de los años cincuenta y sesenta su libro *La isla perdida. Memoria de una época de Ibiza*, llegó a la isla en 1956, vivió allí entre esas dos décadas y fue la persona que atrajo a Azcona hasta la pitiusa. Les siguieron, entre otros, Ignacio y Josefina Aldecoa. La playa de San Antonio Abad[109] fue el lugar de residencia habitual de Azcona en la isla, su

---

109 A San Antonio, Azcona ya le había dedicado un artículo en *Pueblo*, en 1956, con motivo de su primera estancia en Ibiza («San Antonio», *Pueblo*, 23/06/1956).

paisaje sensorial y emocional, y el escenario del elenco que poblaría *Los europeos*.

En el momento de su publicación, la novela protagonizó un singular episodio editorial. «Todo lo que recuerdo es que un día [Fernando] Baeza me dijo que, en vista de las dificultades que encontraba para publicar *Los europeos* en España, había decidido sacarlo en Francia [...] pero yo siempre pensé que se había fabricado en España», recordaba en una entrevista Azcona.[110] La publicación, efectivamente, se preveía problemática bajo pabellón español a causa de los temas de índole sexual que en ella se trataban, incluido un caso de aborto. Y fue debido a estas cautelas —sumadas a la certeza de no pasar el trámite censor— que la novela *Los europeos* «apareció» en 1960 fabricada en España pero sin etiqueta editorial española,[111] sin depósito legal y supuestamente publicada en Francia, concretamente en París, por la Librairie de Éditions Espagnoles del 72, Rue de Seine e impresa por la Typograhie Polyglotte, de Mesnil (Eure). Una amalgama de deslocalizaciones, aunque no del todo desorientadas por Baeza sino muy al contrario marcadas por el signo —precisamente— del exilio intelectual español, pues el 72, Rue de Seine fue la dirección definitiva[112] de la mítica Librairie Espagnole de París de don Antonio Soriano (esquina Rue de Seine con Clément, en Saint-Germain-des-Prés).[113] Cabe preguntarse, incluso, si Baeza no contaría, para esta operación de externalización, con el consentimiento y complicidad del propio Soriano. Como

---

110 Entrevista de Ángel Sánchez Harguindey a Rafael Azcona, «Mi territorio es el de la memoria fermentada», *El País*, 25/05/2006.

111 Sin embargo, la maquetación del ejemplar era la habitual de la colección de novela de Arión Espejo y Flor.

112 La primera, como sede parisina de la Librairie des Éditions Espagnoles de Toulouse, había sido el 48, Rue Mazarine.

113 Entre otros autores, La Librairie Espagnole de Soriano publicaría a Juan Goytisolo, Pedro Salinas, Jorge Guillén, Tuñón de Lara o Pierre Vilar.

Librairie des Éditions Espagnoles existía la de Toulouse, claro, la primera, la librería-editorial de Josep Salvador,[114] en el 1, Boulevard d'Arcole. Typograhie Polyglotte se conocía ¡la del Vaticano! Y en cuanto a Mesnil (Eure), podría tratarse de Le Mesnil-Simon (Eure y Loir), una población y comuna francesa en el departamento de Eure y Loir, distrito de Dreux, cantón de Anet. Como se ve, el pie de imprenta caminó hasta lejos del número 11 de la madrileña cuesta de Santo Domingo, casa de las Ediciones Arión.

La previsión de una salida problemática para *Los europeos* se cumplió. Lo atestigua una nota añadida a la edición, en 1964, por la revista *Temas de Cine*, del guion de la película *El verdugo* (Luis García Berlanga, 1963). Dicha nota se refiere a la secuencia de la Feria del Libro de Madrid; una secuencia no prevista en una primera escritura del guion,[115] pero incorporada por Berlanga en rodaje al coincidir este con la instalación de las casetas de la feria, un ambiente —por añadidura— muy familiar para el Azcona que tanto las frecuentó en su etapa de El Club de la Sonrisa.

La escena comienza con los altavoces que anunciaban a Corcuera firmando ejemplares en la Editorial Naga (la productora de *El verdugo* es Naga Film) y en otra caseta a Rafael Azcona (guionista de *El verdugo*) firmando ejemplares de su novela *Los europeos* (novela prohibida y de la que existen ejemplares en español que figuran editados en París). Berlanga ha hablado en alguna ocasión de hacer en cine esta novela sobre la gente que se da cita en Ibiza y sobre su modo de vivir, así como sobre un aborto que está en el centro de la misma. He aquí lo que dicen los altavoces: [...] «En la caseta número 17 firmará esta tarde el conocido escritor Rafael Azcona su última novela *Los europeos*». El libro, publicado en Ediciones Arión, refleja, de manera valiente y directa, los problemas de la juventud española en la cosmopolita Ibiza de hoy y será muy pronto llevado

---

114 Que se abrió en 1946 y se cerró en 1972.

115 De hecho, no figura en la edición del guion de Plot (Madrid, 2000), que tenía como fuente Filmoteca Española.

a la pantalla. La misma editorial anuncia la próxima aparición de Fernando-Guillermo de Castro *El hijo que no nació en San Antonio*.[116]

La novela no estuvo exactamente prohibida en España, pero sí circuló de una forma discreta, incluso clandestina. Y para detectar en el audio de *El verdugo* el aviso de la firma de sus ejemplares, hay que aplicar mucho el oído, porque la megafonía de la Feria suena muy lejana. Como apuntaban los editores de *Temas de Cine*, Luis García Berlanga manifestó expresamente y en repetidas ocasiones entre 1962 y 1963 su interés en llevar al cine *Los europeos*. No hay más que acudir a la hemeroteca: «Despúes de *El verdugo* es posible que haga *Los europeos*, según la novela de Azcona»;[117] «Yo siempre tengo proyectos que esperan, y algunos, como el de adaptar la novela de Azcona *Los europeos*, son ya antiguos»;[118] «¿Proyectos inmediatos?: Mis viejos proyectos de siempre: *Los aficionados*,[119] *Los europeos*...»;[120] «Uno de los proyectos que tenía y que quizás haga es *Los europeos*, la novela de Azcona».[121] Pero Berlanga nunca la hizo. Si la historia ya había tenido problemas en papel, los que sobrevendrían al intentar ser filmada hubieran sido sencillamente insalvables.

---

116 *Temas de Cine, op. cit.*, pp. 60-61. Respecto a la novela de *El hijo que no nació en San Antonio*, no hay noticia de que se publicara. Sin embargo, Guillermo de Castro —ganador del Gijón en 1953 y del Sésamo en 1958— sí había publicado en 1958 *Dos novelas de amor* (Madrid, Índice: E. M. A., Colección Pérez Galdós) y el librito *El zapato*, en la Enciclopedia Pulga (Barcelona, Ediciones G. P.). Carlos Saura había basado en un relato suyo el mediometraje *La tarde del domingo* (1956-1957), una historia de provincias con un cierto aire azconiano: las ilusiones y desilusiones de una criada de familia de clase media, Clara, que vive del baile, cine y amigas de las tardes de los domingos, aunque muchas de estas tardes no le rediman de su rutina y grisura.

117 En la entrevista con Jesús García de Dueñas, «Testimonios. Entrevista con L. García Berlanga», *Nuestro Cine*, n.° 15, diciembre de 1962, p. 30.

118 En la entrevista con Antonio Gménez-Rico «*El verdugo*, una rebeldía contra el tópico», *Cinestudio*, n.° 9, mayo de 1963, p. 16.

119 Que acabaría siendo *La vaquilla*, en 1984.

120 *Cinestudio*, art. cit., p. 28.

121 César-Santos Fontenla, «Entrevista con Berlanga», *Nuestro Cine*, 22, 1963, p. 11.

11. Lejos del humorismo

Ya desde la contraportada de la edición, se prevenía del nuevo rumbo estético y moral que *Los europeos* tomaba respecto a la tradición literaria española y a la propia trayectoria humorista de su autor:

> Esta novela nos presenta una nueva faceta de la literatura de creación española, y cabe más bien emparentarla con las corrientes novelísticas que proceden de Italia y Norteamérica. Respecto a la producción anterior de su autor, significa un gran paso hacia el realismo. No cabe ya clasificar solo a Azcona como un humorista, aunque naturalmente sea el humor el recurso lícito para la crítica de una sociedad y ambiente dados. *Los europeos* pretende, de modo inequívoco, realizar una crítica social y, por ende, moral.

Calificada por Enrique Llovet como «todo un documental sociológico»,[122] el crítico José Ramón Marra-López le dedicó una reseña en *Ínsula*, aunque —efecto de su anómala aparición, seguramente— ¡dos años más tarde! de su publicación. Esta era la valoración que dejó escrita Marra-López con la intención, sin duda, de escudar la novela frente a aquellos que la acusaran de amoral o sórdida.

> Si se apoya en el legítimo y eficaz recurso del humor para conducir por los cauces deseados la narración, lo equilibra en la nueva dimensión para realizar una profunda crítica social de una situación que se da de hecho. Por tanto, por debajo de la anécdota regocijante y descarnada existe una verdadera intención moral, al presentar la paradisíaca isla mediterránea poblada por una fauna internacional en busca de las dulzuras climatológicas y la evasión de la cotidianidad. Y, con mayor razón, los dos jóvenes españoles protagonistas del relato, que buscan la aventura y el olvido del mundo que les

---

122 *ABC*, 02/10/1964. Curioso el uso del término cinematográfico «documental», en vez de «documento».

rodea y aplasta durante el resto del año [...] La pintura que Azcona hace de tal medio pudiera parecer muy dura, pero desde luego es real y refleja con fidelidad un aspecto de la sociedad actual.[123]

Los europeos se sumaría a la obra repensada por Azcona. En mayo de 2006, la Editorial Tusquets[124] editó su reescritura. Considerada por algunos como la mejor de su producción narrativa, esta novela —sumando el original y su revisitación— no solo constituye el poso literario de una época clave de experiencias, relaciones y observaciones personales que marcaron y ancharon la visión de Rafael Azcona en sus estancias en Ibiza, entre 1956 y 1960 —apertura que también le proporcionará Italia—, sino que posee y aún revalida en su reescritura un excepcional valor dramático. «El fondo realista inicial está aquí preservado, respetado y secreto», diría Rafael Conte en su recepción de 2006.[125] Relata con desnudez, dolor, ternura y humor, y en medio de un paisaje marítimo sensual y deslumbrante, una historia que explica la tragicomedia de una educación sentimental castrante y fatal que condicionó la emocionalidad y la vida amatoria de generaciones de españoles. *Los europeos* —no en vano, el mar y el viaje son protagonistas— constituye una odisea personal acerca de la búsqueda de la libertad y de la liberación de la conciencia de pecado, de la provincia, del miedo, de la dictadura y del aislamiento. Y muy particularmente del yugo de la represión sexual —a la altura de 1957-1960— en medio de un país de cerrado y sacristía, y todavía carencial en muchos aspectos.[126]

---

123 *Ínsula*, n.° 187, junio de 1962, pp. 8-9.

124 En su colección Andanzas.

125 «Azcona, escritor realista», *El País*, 06/08/2006.

126 La Ibiza de esa época y su microsociedad *hippie* también serían motivo de un proyecto cinematográfico de finales de los sesenta nunca llevado a cabo. Me refiero al guion de *Ícaro*, realizado en colaboración entre Azcona y Jacinto Esteva para Films Contacto (Jacinto Esteve y Ricardo Muñoz Suay). Azcona la apodaba «la historia de Ibiza» y era —resumiendo— la historia de un librero inglés casado y de unos trein-

Finalmente, será Víctor García León quien dirigirá la versión cinematográfica de *Los europeos* en 2020, con guion adaptado de Bernardo Sánchez y Marta Libertad,[127] realizado a partir de la reescritura de 2006, considerada como definitiva y, por tanto, la que Pepitas de Calabaza recogió también en su edición de 2019.[128] Y la que se publica en la presente compilación.

Los europeos hubiera cerrado un *Estrafalario/2* tal y como estaba previsto, junto a las reescrituras de *El anacoreta* y de *Los ilusos* [Ríos Carratalá, 2005: 14]. Pero este volumen no llegó a materializarse. Lo más curioso de su proyecto es que hubiera supuesto una reconversión en novela de lo que no lo era originalmente: *El anacoreta*, película de 1976, dirigida por Juan Estelrich (March) y con guion participado por Estelrich y Rafael Azcona. El guion de *El anacoreta* ya contaba con una excelente edición en Sedmay, en 1976. Hubiera sido interesantísimo, sin duda, saber qué novela habría entresacado Azcona del texto del guion. Fernando Fernán-Gómez, el Tobajas protagonista de la película,[129] advertía en el prólogo a dicha edición trazas entreveradas del sainete realista español, del teatro idealista europeo de primera mitad del siglo xx y una elaboración

---

ta años que dejaba su vida atrás para irse a Ibiza a escribir una novela. Su propósito se trunca al entrar en contacto con un elenco de personajes a cada cual más especial cuando no bizarro, y sobre todo al vivir una frustrante historia de amor que le conducirá a un intento de suicidio arrojándose al vacío con unas alas de cera (véase el artículo de Casimiro Torreiro, «Nosotros, que fuimos tan felices». Rafael Azcona en la Barcelona de la *Gauche Divine*», en [Cabezón, 1997: 331-343]).

127 Que resultaría nominado al Goya en su categoría.

128 Con una excelente fotografía en portada del fotógrafo logroñés Teo Martínez, titulada *Días de verano en las proximidades de Logroño* (circa 1960), que mostraba una piscina de huerta, prácticamente un estanque; irónico contraste con las europeizantes playas de Ibiza. Por otro lado, también se contrastaba con la fotografía de Xavier Miserachs (circa 1965) que había ilustrado la portada de la edición de Tusquets, tomada en Tossa de Mar.

129 Del que —para mayor ascendencia literaria— en el propio guion de la película se dice que tiene la cabeza de Lucas Trapero, el pícaro que había interpretado Fernán-Gómez en la serie de televisión homónima (1974).

de un diálogo marcadamente ilustrada [Azcona y Estelrich, 1976: 17]. Hay que destacar, al hilo —aunque sería objeto de otro peritaje—, la elaborada literatura de las acotaciones de los guiones de Azcona, que convierten su redacción en muestras de una narrativa equiparable a párrafos de una novela. Se percibe en los mejores guiones de Azcona un desarrollo y calidades que aspiran a una factura novelística. El guion cinematográfico considerado como una forma vicaria de narrativa. De libro. Ese libro del que prescindió Azcona, como decía Umbral, sin renunciar a la literatura.

BIBLIO-HEMEROGRAFÍA
DE REFERENCIA

ABRIGHACH, Mohamed (2018). Talleres Tipográficos Cremades/Imprenta Cremades. Alicante: Biblioteca Virtual Miguel de Cervantes. https://www.cervantesvirtual.com/nd/ark:/59851/bmco888996) [consulta 30/05/2024].

AGUILAR, José Luis (1955). «El humorismo es una cosa seria. Rafael Azcona, en su pueblo», *Nueva Rioja* 25/08/1955.

AGUILAR, Santiago (2014). *Rafael Azcona en el diario* Pueblo *(1954-1956)*. Logroño: Instituto de Estudios Riojanos.

— y Felipe Cabrerizo (2019). La Codorniz. *De la revista a la pantalla (y viceversa)*. Madrid: Ediciones Cátedra/Filmoteca Española. Serie Mayor.

AZCONA, Rafael (bajo el seudónimo Jack O'Relly)[130] (1954a).[131] *Amor, sangre y dólares*. Madrid: Gilsa, S. A. Ediciones, Colección Biblioteca de Chicas.

— (bajo el seudónimo Edward Mason)[132] (circa mediados de los años cincuenta).[133] *Pimpinela Escarlata*. Madrid: Editorial Dólar, Colección Celebridades.

---

130 En el interior se acredita como «adaptación del inglés por Azcona».

131 Enero de 1954.

132 En el interior, Edgar Mason.

133 Las fechas de publicación de las entregas de la Colección Celebridades de la Editorial Dólar —que no constan en su interior— no se han podido fijar; pero en casi todos los catálogos y bibliografías consultados los sitúan a mediados de los años cincuenta. Luis Alberto Cabezón [2015: 229-230] refiere el libro como el número 49 de la colección (dato que sí figura en el lomo) y 1952 como año de publicación. De ser esta la fecha, estaríamos hablando de la primera «novela» de Azcona.

- (bajo el seudónimo Jack O'Relly)[134] (1954b).[135] *Siempre amanece*. Madrid: Ediciones Cid, Colección Biblioteca de Chicas.
- (1955).[136] *Vida del repelente niño Vicente*. Madrid: Taurus, colección El Club de la Sonrisa.
- (1956a).[137] *Los muertos no se tocan, nene*. Madrid: Taurus, colección El Club de la Sonrisa.
- (bajo el seudónimo Jack O'Relly) (1956b).[138] *Quinta Avenida*. Madrid: Ediciones Cid, colección Biblioteca de Chicas.
- (1956c). *Cuando el toro se llama Felipe*. Tetuán: Editorial Cremades, Colección Buenas Noticias.
- (1957a).[139] *El pisito. Novela de amor e inquilinato*. Madrid: Taurus, colección El Club de la Sonrisa.
- (*circa* mediados de los años cincuenta). *Memorias de un señor bajito*. Barcelona: Ediciones G. P., Enciclopedia Pulga.
- (bajo el seudónimo Jack O'Relly)[140] (1957b).[141] *La hora del corazón*. Madrid: Ediciones Cid, colección Biblioteca de Chicas.
- (bajo seudónimo Jack O'Relly) (1958a).[142] *La vida espera*. Madrid: Ediciones Cid, Colección Biblioteca de Chicas.
- (1958b).[143] *Los ilusos*. Madrid: Ediciones Arión, Colección La Tortuga.
- (1959).[144] *Vida del repelente niño Vicente*. Barcelona: Ediciones G. P., Colección de Libros de Humor El Gorrión.
- (1960a).[145] *Pobre, paralítico y muerto*. Madrid: Ediciones Arión.

---

134 En el interior se acredita como «versión del inglés por Rafael Azcona».

135 Octubre de 1954.

136 Abril de 1955.

137 Abril de 1956.

138 Abril de 1956.

139 Junio de 1957.

140 En el interior se acredita como «versión del inglés por Rafael Azcona».

141 Julio de 1957.

142 Julio de 1958. Con portada de Jano, cartelista cinematográfico.

143 Se imprime en abril de 1958.

144 Mismo texto que la edición de 1955 de El Club de la Sonrisa.

145 Abril de 1960.

- (1960c). *Los europeos.* París: Librairie des Éditions Espagnoles.[146]
- y Marco Ferreri (1960d). Guion completo de *El cochecito.* En *Temas de Cine,* 6.
- y Marco Ferreri (1962). Guion completo de *El pisito.* En *Temas de Cine,* 21, 21-82.
- (1963). *I morti non si toccano.* Milano: Longanesi & C., Colezzione La Gaja Scienza. Traducción al italiano de Arrigo Repetto.
- y Juan Estelrich (1976). *El anacoreta.* Madrid: Sedmay Ediciones/Colección 7.° Arte.[147]
- (1984). *El repelente niño Vicente.* Madrid: Ediciones Mascarón, Colección de Humor La Mandíbula Batiente.[148]
- (1991). *Otra vuelta en «El cochecito».* Logroño: Cultural Rioja, Biblioteca Riojana.[149]
- (1999). *Estrafalario/1.* Madrid: Alfaguara.[150]
- (2005a). *El pisito. Novela de amor e inquilinato.* Madrid: Cátedra, Colección Letras Hispanas.[151]
- (2005b). *El repelente niño Vicente.* Madrid: Aguilar.[152]
- (2005c). *El cochecito.* Madrid: Santillana Ediciones Generales, Colección Punto de Lectura.[153]
- (2005d). *Los muertos no se tocan, nene.* Madrid: Santillana Ediciones Generales, Colección Punto de Lectura.[154]
- (2006). *Los europeos.* Barcelona: Tusquets Editores.[155]

---

146 Pie de imprenta falso.

147 Con prólogo de Fernando Fernán-Gómez.

148 Consiste en una especie de facsimilar de la edición de El Club de la Sonrisa.

149 Reescritura híbrida entre el formato de guion y la novelización.

150 Incluye las reescrituras de *Los muertos no se tocan, nene, El pisito* y *El cochecito* (en 1960, *Paralítico*). Prólogo de Josefina Aldecoa, titulado «Rafael Azcona, la lucidez de un escritor».

151 Edición y notas de Juan A. Ríos Carratalá. Publica la reescritura de la novela de 1999 (Versión *Estrafalario/1*).

152 Reescritura.

153 Reescritura 1999 (Versión *Estrafalario/1*).

154 Reescritura 1999 (Versión *Estrafalario/1*).

155 Reescritura.

— (2007). *Memorias de un señor bajito*. Logroño: Pepitas de Calabaza.[156]

— (2008a) *Los ilusos*. La Coruña: Ediciones del Viento.[157]

— (2008b) *Pobre, paralítico y muerto*. La Coruña: Ediciones del Viento.[158]

— (2011).[159] *Estrafalario*. Madrid: Alfaguara.

— (2012). *¿Por qué nos gustan las guapas? Todo Rafael Azcona en* La Codorniz *I (1952-1955)*. Logroño: Pepitas de Calabaza/Fulgencio Pimentel.[160]

— (2014). *¿Son de alguna utilidad los cuñados? Todo Rafael Azcona en* La Codorniz *II (1956-1958)*. Logroño: Pepitas de Calabaza/Fulgencio Pimentel.[161]

— (2016). *El pisito. Novela de amor e inquilinato*. Madrid: Cátedra, Colección Biblioteca del siglo xx.[162]

— (2017). *Repelencias. Todo Rafael Azcona en* La Codorniz *III (1953-1957)*. Logroño: Pepitas de Calabaza/Fulgencio Pimentel.

— (2018). *Viaje a una sala de fiestas y otros escritos dispersos (1952-1959)*. Logroño: Pepitas de Calabaza.[163]

— (2019). *Los europeos*. Logroño: Pepitas de Calabaza.[164]

AZOFRA, Pedro María[165] (2006). *La tauromaquia según Rafael Azcona*. Logroño: Editorial Ochoa.

CABEZÓN, Luis Alberto (ed.), (1997). *Rafael Azcona con perdón*. Logroño: Ayuntamiento de Logroño/Instituto de Estudios Riojanos, Colección Logroño.

---

156 Reescritura.

157 Reescritura.

158 Reproduce la versión de 1960; es decir que *Paralítico* no es *El cochecito* reescrito en 1999.

159 Reescrituras de 1999, las que compusieron *Estrafalario/1*, número cardinal que ya no consta en esta edición, al no mantenerse la posibilidad de un segundo *Estrafalario*.

160 Con un estudio introductorio de Bernardo Sánchez.

161 Con un prólogo de Bernardo Sánchez.

162 Edición y notas de Juan A. Ríos Carratalá, con un estudio introductorio que presenta ampliaciones respecto a la edición de 2005 y una actualización de la bibliografía.

163 Edición, prólogo y notas de Santiago Aguilar.

164 La reescritura de 2006.

165 Pedro Mari interpretó con mucha propiedad y por derecho —sin ser actor profesional— el personaje de Arbejas, presidente del club taurino, en la versión cinematográfica de 2011 de *Los muertos no se tocan, nene*.

— (2015). «Los papeles póstumos de Rafael Azcona. Primera aproximación a su biblioteca personal». En *Turia. Revista Cultural* 113-114, 228-236.

CAÑAS, José María (1953). *Nubes y barro*. Barcelona: Luis de Caralt.[166]

CASTRO, Fernando-Guillermo de (2000). *La isla perdida. Memoria de una época de Ibiza*. Barcelona: Ed. Mediterrània-Eivissa.

CRUZ, Juan (1999). «Aparece Azcona», *El País*, 11/12/1999.

— (2007). «Memorias de un señor bajito», *El País/Babelia*, 03/11/2007.

— (2008). «El testamento literario de Rafael Azcona», *El País*, 11/04/2008.

DELTELL ESCOLAR, Luis y Juan Carlos Alfeo (2023). «La adaptación sin fin. Versiones de *El pisito* (1959) y *El cochecito* (1960)». En *Literatura y lingüística*, 48.
[167] http://dx.dol.org/10.29344/0717621x.48.3247 [consulta 07/05/2024].

FORONDA, José Ignacio (2015) «Un hombre que fabrica un esqueleto». En *Turia. Revista Cultural* 113-114, 198-205.

MARTÍNEZ ZARRACINA, Pablo (2007). «La mirada de Rafael Azcona», *El Correo*/Literatura, 08/12/2007.

MURO, Miguel Ángel (1997). «El mito sexual español: *Los europeos* de Rafael Azcona». En CABEZÓN, Luis Alberto (ed.), (1997). *Rafael Azcona, con perdón*. Ayuntamiento de Logroño/Instituto de Estudios Riojanos, Colección Logroño, 165-190.

PRUNEDA, José Antonio (1960). «*Me molesta que digan que soy un humorista negro, porque no es cierto*».[168] En *Film Ideal*, 49, 7.

RÍOS CARRATALÁ, Juan Antonio, (1996). «Rafael Azcona, de la literatura al cine». En *Relaciones entre el cine y la literatura: Un lenguaje común*. Alicante: Universidad, 49-56.

— (2009a). *La obra literaria de Rafael Azcona*. Alicante: Publicaciones de la Universidad de Alicante.

— (2009b). «El paraíso ibicenco y Rafael Azcona». En *Anales de Literatura Española* 21, 161-173.

RODRÍGUEZ ALDECOA, Josefina (1983). *Los niños de la guerra*. Madrid: Ediciones Generales Anaya.

---

166 Reeditada en 2012 por el Instituto de Estudios Riojanos, en su colección Nuestros Escritores, con estudio introductorio de Aurora Martínez Ezquerro y Ricardo Mora de Frutos.

167 Revista editada por la Universidad Católica Cardenal Raúl Silva Enríquez, de Santiago de Chile.

168 Entrevista con Rafael Azcona a propósito de *El cochecito*.

Romeo, Félix (2007). «Memorias de un señor bajito», *ABCD Las Artes y las Letras*, 13-19/10/2007.

Sánchez Harguindey, Ángel, Rafael Azcona y Manuel Vicent (1998). *Memorias de sobremesa*. Madrid: El País/Aguilar.

— (2008). «Picaresca de posguerra», *El País/Babelia*, 03/05/2008.

Sánchez Salas, Bernardo (ed.) (1991). *Rafael Azcona. Otra vuelta en «El cochecito»*. Logroño: Cultural Rioja/Biblioteca Riojana.

— (1997). «El cochecito». En Pérez Perucha, Julio (ed.) *Antología crítica del cine español 1906-1995. Flor en la sombra*. Madrid: Ediciones Cátedra/Filmoteca Española. Serie Mayor, 483-484.

— (2006). *Rafael Azcona: hablar el guion*. Madrid: Cátedra, Colección Signo e Imagen.

— (2008). «*Los ilusos* (1957-2008): Matar a un ruiseñor». En *Berceo. Revista Riojana de Ciencias Sociales y Humanidades* 155, 139-155.

— e Irene León (coords.) (2010). *Azcona, una versión española*. Arnedo: Ediciones Aborigen/Gráficas Isasa, Colección Octubre Corto.

— (2018). *La tertulia pintada. Azcona en el cuadro*. Arnedo: Ediciones Aborigen/Gráficas Isasa, Colección Octubre Corto.

Toubiana, Serge (1997). «Entretien avec Rafael Azcona». *Cahiers du Cinéma*, 515, 22-29.[169]

Villanueva Nieto, Carlos (2002). *Mingote. Punto y aparte*, Grupo Editorial 33, S. L.: Málaga.

---

169 Se publicó un extracto de esta entrevista en el suplemento *Babelia* de *El País* (n.° 297, 12/07/1997, pp.2-3).

Índice